2024 中国森林保险发展报告

The Development Report on
Forest Insurance in China

国家林业和草原局　国家金融监督管理总局◎编

中国林業出版社
·北京·

图书在版编目（CIP）数据

2024中国森林保险发展报告 / 国家林业和草原局，国家金融监督管理总局编. -- 北京 : 中国林业出版社，2025. 6. -- ISBN 978-7-5219-3284-3

Ⅰ. F842.66

中国国家版本馆CIP数据核字第20259NX398号

策划编辑：许 凯

责任编辑：许 凯

封面设计：北京鑫恒艺文化传播有限公司

出版发行：中国林业出版社

（100009，北京市西城区刘海胡同7号，电话010-83143582）

电子邮箱：cfphzbs@163.com

网址：https://www.cfph.net

印刷：河北鑫汇壹印刷有限公司

版次：2025年6月第1版

印次：2025年6月第1次

开本：889mm×1194mm 1/16

印张：8.25

字数：200千字

定价：80.00元

编委会

■ 编辑委员会

委　员：陈嘉文　尹江鳌　丁晓华　李淑新
孙嘉伟　王叙文　陈　彤　刘　璨

■ 编写组

组　长：姜喜麟　张红梅　胡云辉　刘　浩

成　员：（以姓氏笔画为序）
马一博　马姣玥　王　博　王思思
王雁斌　白雪钰　刘　博　刘　鹏
刘丰波　刘兴玥　刘泽世　余　涛
陈敬国　赵陟峰

前言 *Preface*

2023年，是我国全面贯彻落实党的二十大精神的开局之年，也是推动生态文明建设、实现“双碳”目标、深化集体林权制度改革的关键之年。在这一年里，森林保险作为保障林草高质量发展、筑牢生态安全屏障的重要举措，继续发挥着不可替代的作用。全国森林保险总参保面积达到24.79亿亩，总保费规模39.1亿元，提供风险保障约2.03万亿元，充分展现了森林保险在助力生态保护、抵御自然灾害、支持林草产业可持续发展方面的强大功能。

这一年，各级财政持续加大对森林保险的支持力度，财政补贴总额达到34.08亿元。这不仅体现了国家对生态建设的高度重视，也为森林保险的持续健康发展提供了坚实的资金保障。全年完成已决赔款14.43亿元，未决赔款3.73亿元，简单赔付率达到36.92%，有效缓解了林农和林业企业的生产经营压力，增强了抵御自然灾害和市场风险的能力。同时，森林保险积极探索与碳汇交易、生态补偿等方面的有机结合，助力推动林业碳汇项目的开发与实施，为实现“双碳”目标贡献了重要力量。另外，森林保险在支持乡村振兴、促进林农增收方面也取得了显著成效。各地继续探索发展林草特色保险，进一步丰富了森林保险的产品体系，满足了多样化、多层次的林草风险保障需求，为林草产业的转型升级提供了有力支持。

《2024中国森林保险发展报告》由国家林业和草原局与国家金融监督管理总局共同编写，系统梳理了2023年我国森林保险的政策环境、市场运行和创新实践，总结了森林保险在生态保护、防灾减损、融资增信、乡村振兴等方面的成功经验和典型案例，旨在为各级政府、林草部门、保险机构及相关研究者提供参考，推动森林保险在新时代实现更高质量的发展。

在新的一年，森林保险将继续在生态文明建设和“双碳”目标的实现中发挥重要作用。我们期待各级财政、金融监管、林草主管部门及保险机构进一步加强合作，共同推动森林保险在机制创新、产品创新、服务创新等方面取得更大突破，为林草事业高质量发展和生态安全保驾护航。

编者

2024年11月

Editor's Note 编写说明

一、本报告主要展现中央财政森林保险保费补贴工作的年度发展情况，若无特殊说明，本报告所言“森林保险”特指“中央财政森林保险保费补贴政策支持的森林保险”，并不包含“商业性森林保险”。

二、本报告森林保险相关数据均来自国家林业和草原局林业工作站管理总站对各省份森林保险工作总结中相关数据的汇总。在进行数据统计时，未按照省级行政区划划分地区，而是根据实际享有的省级中央财政森林保险保费补贴工作管理权限进行划分，将目前开展中央财政森林保险保费补贴工作的区域划分为36个地区和单位，包括28个省（自治区、直辖市）、4个计划单列市和4家森工企业。为避免数据重复，省（自治区、直辖市）统计数据不包含辖内计划单列市和森工企业，即辽宁省不含大连市、山东省不含青岛市、浙江省不含宁波市、福建省不含厦门市、内蒙古自治区不含内蒙古森工集团、黑龙江省不含大兴安岭林业集团（龙江森工集团未开展森林保险）、吉林省不含吉林森工集团和长白山森工集团。

三、本报告“保险赔付率”指简单赔付率，即实际已决赔付金额与保费收入的比值。

四、本报告根据承保面积计算保险机构的市场份额，对于采用共保体模式经营的地区和单位，按照各保险机构的份额分配承保面积。

五、本报告中部分数据因四舍五入的原因，存在总项与分项合计不相等的情况。

摘要 *Summary*

自中央财政森林保险保费补贴政策实施以来，森林保险已持续开展15年，为助力建设美丽中国和实现人与自然和谐共生的现代化作出了重要贡献。2023年，我国森林保险在政策支持、监管优化和服务提升方面取得了显著进展。国家持续加大对森林保险的政策支持力度，进一步完善保费补贴管理、承保理赔机制、保险标准化建设及业务统计等工作，着力优化森林保险运行机制，提升服务效能，推动森林保险高质量发展。

2023年，中央财政森林保险保费补贴政策已覆盖全国28个省（自治区、直辖市）、4个计划单列市和4个森工集团，即全国有36个参保地区和单位开展了中央财政森林保险保费补贴工作。此外，新疆维吾尔自治区、上海市和深圳市也在积极探索森林保险工作。

参保面积及其结构：2023年，我国森林保险参保面积稳步增长，森林保险覆盖面进一步扩大。截至2023年年底，全国36个参保地区和单位的森林保险参保总面积达24.79亿亩，较上年略有增加。其中，公益林参保面积为18.04亿亩，占比为72.77%；商品林参保面积为6.75亿亩，占比为27.23%。近5年来，商品林参保面积及其占比持续提升，但与公益林相比仍存在较大差距，公益林参保面积占比始终保持在七成以上，体现了公益林在森林保险中的主导地位。2023年，全国36个参保地区和单位已全面开展公益林保险工作，其中，30个地区和单位开展了商品林保险工作，森林保险的覆盖范围和保障能力进一步增强。

保险保费：2023年，全国森林保险保费总额达到39.10亿元，同比增加0.73亿元，增幅为1.90%。保险费率为1.93‰，与上年持平，亩均保费为1.58元，同比略有上升。公益林和商品林保费分别为25.26亿元和13.84亿元，占比分别为64.59%和35.41%。商品林保费占比继续提升，反映出商品林保险需求的增长趋势。总体来看，森林保险保费规模稳步扩大，费率保持合理水平，为林业经营者提供了更加全面的风险保障。

保费补贴：2023年，各级财政对森林保险的保费补贴总额为34.08亿元，占全国森林保险保费总额的87.16%。其中，中央、省、市县级财政补贴分别为17.03亿元、11.79亿元和5.25亿元，分别占保费总额的43.56%、30.17%和13.43%。公益林和商品林的保费补贴比例分别为95.1%和72.7%，仍然保持较大差距。省级财政补贴政策进一步差异化，重点向乡村振兴帮扶县、自然保护区、森工企业等倾斜，财政政策的精准性和灵活性不断得到加强。

保险金额：2023年，全国森林保险总保险金额达到20275.43亿元，同比增加1.82%。公益林和商品林保险金额分别为14180.00亿元和6095.43亿元，增幅分别为0.38%和5.33%，商品林保险金额仍然与公益林存在较大差距，但增速持续高于公益林。另外，单位保额提升至818.04元/亩，同比增加

1.28%。保险金额的稳步增长，反映了森林保险保障水平的持续提升，为林业经营者提供了更加充足的风险保障。

赔付情况：2023年，全国森林保险完成已决赔款14.43亿元，同比增加3.38亿元，简单赔付率为36.91%，同比上升8.11个百分点。公益林和商品林已决赔款分别为7.83亿元和6.60亿元，简单赔付率分别为31.02%和47.68%。赔付率的提升，表明森林保险在灾后恢复生产、保障林农利益方面的作用进一步增强。

防灾减损：2023年，全国24个地区的森林保险防灾减损投入达到2.15亿元，占总保费的5.5%。其中，大兴安岭林业集团公司的防灾减损投入占比最高，达到44.01%。防灾减损工作的加强，有效降低了森林灾害的发生率和损失程度，体现了保险机构在风险管理中的主动性和责任感。

再保险：2023年，我国森林再保险进一步完善，为森林保险提供了稳定的、持续的再保险支持。截至2023年年底，中国农业再保险股份有限公司（以下简称中国农再）与全国35家农业保险承保机构签署《政策性农业保险再保险标准协议》，约定分保业务实现森林再保险保费收入9.97亿元，为林业生产提供风险保障约4327.79亿元，森林保险再保险赔偿金额为5.54亿元，赔付率达55.57%。再保险发展有效降低了森林保险经营机构的赔付压力，增强了我国森林保险保障能力和发展韧性。

林草特色保险：2023年，各地积极探索创新特色保险产品，推动林草特色保险“扩面、增品、提标”。草原保险、地方优势林产品保险、林业碳汇保险、古树名木保险、野生动物致害责任保险、湿地保险等特色险种得到进一步推广和应用。

市场需求：2023年，我国生态文明建设持续深化，国土绿化工作取得了显著成果，以国家公园为主体的自然保护地体系构建工作逐步完善，生态系统的整体质量及稳定性能均实现了稳步提升，“森林四库”的综合功能与价值日益显现，林业生态产品价值实现机制更为畅通，这将带来巨大的森林保险潜在需求。同时，我国林草产业呈现出稳健的增长态势，产业结构经历了持续的优化调整，林下经济、森林旅游业以及特色经济林等多元化产业蓬勃发展，为森林保险产品的创新提供了新的机遇。

承保主体：2023年，全国共有27家保险机构通过独立经营或参与共保体方式开展森林保险业务，总体数量保持稳定。我国森林保险市场集中度依然较高，前10名保险机构的承保面积共计23.44亿亩，占整个森林保险市场的94.56%。人保财险、国寿财险、太平洋产险、中华财险、平安财险和中航安盟6家保险公司承保面积占比达到87.80%。其中，人保财险业务覆盖全国34个地区，市场份额达44.96%，在全国范围内具有绝对优势。尽管市场集中度较高，但各地通过招投标等方式增加了市场竞争程度，不断推动服务质量的提升。

机制和技术创新：2023年，全国各地林草部门积极行动，聚焦资源保育与利用、产业升级以及跨部门协作等多个维度，推进一系列机制上的革新举措，持续优化森林保险机制。保险机构积极应用人工智能、无人机、卫星遥感、物联网、云计算等科技创新和数字化手段，提高森林保险精准度和效率，使得灾害预警更加及时、定损理赔更加科学合理，为森林保险的可持续发展提供了新动力。

2023年，森林保险在政策支持、市场运行和产品创新等方面取得了显著进展，充分体现了森林保险在保障林业生产、助力生态保护和乡村振兴中的重要作用，为林草产业高质量发展和生态安全保障提供了有力支撑。下一步，森林保险将继续深化机制创新，推动科技赋能，利用大数据、遥感技术、区块链等现代科技手段，进一步提升风险识别、定损理赔和防灾减损的效率与精准度。同时，森林保险将更加紧密地服务于“双碳”目标，探索林业碳汇保险等新型产品，助力林业碳汇市场发展。森林保险还将进一步扩大覆盖面，优化保费补贴政策，提高赔付率，探索设立巨灾风险基金，增强林业抗风险能力，为生态文明建设和乡村振兴提供更加坚实的保障。

Contents 目录

Figures & Tables 图表目录

第一章

政策概述

2023年是启动中央财政森林保险保费补贴政策的第15个年头，我国森林保险继续保持稳健前行的态势。各级政府部门持续完善森林保险相关政策，提高森林保险服务能力，培育构建与林草产业新发展阶段相适应的多层次森林保险体系，服务林草事业高质量发展。

第一节　国家政策

2023年1月2日，《中共中央　国务院关于做好2023年全面推进乡村振兴重点工作的意见》（以下简称《意见》）明确提出逐步扩大稻谷、小麦、玉米完全成本保险和种植收入保险实施范围，实施好大豆完全成本保险和种植收入保险试点，鼓励发展渔业保险。为健全乡村振兴多元投入机制，《意见》提出加强农业信用信息共享，发挥多层次资本市场支农作用，优化“保险+期货”等金融创新模式，文件的出台有利于更好发挥助力乡村振兴的保险力量。

2023年3月14日，国家林业和草原局印发了《“十四五”国家储备林建设实施方案》的通知，明确提出了“十四五”期间国家储备林建设的目标和任务，包括增加森林蓄积量、优化森林结构、提升森林质量等。国家储备林项目建设是保障国家木材安全战略的重要举措，其规模化、集约化和专业化等特点对构建森林保险多元化产品体系提出了需求。

2023年4月21日，中国银行保险监督管理委员会正式发布了《中国银保监会关于印发农业保险精算规定（试行）的通知》，该规定适用于种植业、养殖业和森林等农业保险业务领域。该规定的出台填补了我国农业保险在精算定价制度方面的空白，为保险产品的费率厘定和调整提供了规则和标准。规定通过明确农业保险费率中的基准纯风险损失率、附加费率和费率调整系数三要素的使用，确保农业保险价格围绕风险进行有管理的浮动，对森林保险的稳健与可持续发展具有重要意义。

2023年5月18日，财政部办公厅与国家林业和草原局办公室联合印发了《关于实施中央财政油茶产业发展奖补政策的通知》，从加大油茶营造力度和打造油茶产业发展示范高地两个方面发力，促进提升油茶产业发展水平，增强我国油料安全保障能力。在油茶产业发展示范奖补方面，由财政部、国家林业和草原局通过竞争性评审方式，择优筛选现有相对集中连片油茶林面积大于50万亩、总投资超过10亿元的项目，作为油茶产业发展示范奖补的实施对象，打造油茶产业发展的示范样板和高地。中央财政通过林业草原改革发展资金对东部、中部、西部地区分别按照每个项目不超过4亿元、5亿元、6亿元安排定额奖补，以强有力的财政支持推动油茶产业的示范引领和高质量发展。这一政策有利于推动林草特色保险，特别是木本油料作物保险，为森林保险的多元化发展提供了政策支持。

2023年9月25日，中共中央办公厅、国务院办公厅印发《深化集体林权制度改革方案》，方案明确提出支持保险机构创新各类林业保险产品，鼓励地方政府将林业保险产品纳入地方优势特色农产品保险奖补政策范围，鼓励各地完善承保机构市场竞争机制，提升服务质效。

2023年10月5日，《国务院关于推动内蒙古高质量发展奋力书写中国式现代化新篇章的意见》印发，提出要强化草原、森林、湿地保护修复，明确"支持内蒙古自主开展草原保险试点"。

2023年12月8日，财政部、农业农村部、国家金融监督管理总局联合发布《关于实施天然橡胶综合保险政策的通知》，旨在积极推动天然橡胶生产与发展，特别针对海南省和云南省内生长及管理正常且定植6个月以上的橡胶苗木或橡胶树，以及橡胶树生产的天然橡胶，将成本、价格、产量、收入等因素纳入综合保险保障范畴，为天然橡胶生产提供覆盖全生命周期、涵盖多灾因保险责任和多重致损因素的保险保障。通知提出保险金额应覆盖橡胶树全生命周期的年均种植成本或天然橡胶割胶的合理收入，以确保保险能够切实满足生产者的实际需求。保费补贴按照《中央财政农业保险保费补贴管理办法》有关规定执行，在省级财政保费补贴比例不低于25%的基础上，中央财政的保费补贴比例为45%。

第二节　省级政策

2023年，各省（自治区、直辖市）持续优化森林保险相关政策，着力提升森林保险风险保障能力，优化机构遴选机制，创新推进地方林草特色保险发展。

一、增强森林保险风险保障能力

2023年2月，深圳市规划和自然资源局印发《深圳市渔林领域农业保险保费补贴资金管理办法》，其中森林保险包括公益林和商品林。针对公益林，保额设定为1200元/亩，保险费率为2‰，由市财政补贴100%；对于商品林，设定每亩1200元的保额，保险费率为4‰，由市财政补贴70%，农户等经营主体负担30%。通过出台办法，深圳市正式实施了森林保险工作，增强了森林保险的风险保障能力，促进了森林资源的有效保护。

2023年2月，内蒙古自治区财政厅印发《内蒙古自治区农业保险保费补贴资金管理办法》，针对不同类型的林业主体，内蒙古自治区精细化了补贴政策，体现了多级财政共同承担的原则。公益林保费的补贴比例为：对各盟（市），中央财政补贴50%，自治区财政补贴32%，盟（市）、旗（县、市、区）财政补贴18%；对内蒙古森工集团，中央财政补贴50%，自治区财政补贴40%，内蒙古森工集团承担10%；对内蒙古自治区大青山国家级自然保护区管理局，中央财政补贴50%，自治区财政补贴50%。商品林保费的补贴比例为：对各盟（市），中央财政补贴30%，自治区财政补贴25%，盟（市）、旗（县、市、区）财政补贴15%，森林经营者承担30%；对内蒙古森工集团，中央财政补贴30%，自治区财政补贴40%，内蒙古森工集团承担30%。

2023年3月，北京市园林绿化局联合中国人民财产保险股份有限公司北京市分公司印发了《2023年北京市山区生态公益林保险实施方案》，针对1159.35万亩的山区生态公益林及局属林场公益林，确立了2400元/亩的保险金额与1‰的保险费率，覆盖林木损失、碳汇价值损失以及必要的预警与施救费用，为林业保险领域的承保与理赔工作提供了指导性文件，有效促进了北京森林资源保护与质量提升的良性循环。同年6月，北京市园林绿化局联合中国人寿财险股份有限公司北京市分公司印发了《2023年北京市城市园林绿化林及平原生态公益林保险实施方案》，该方案细分为三大保险板块：第一，针对4000万株城市园林绿化林进行投保，提供每株1000元的保险保障，费率低至0.4‰；第二，针对朝阳、通州、大兴、丰台、顺义5个区园林绿化局及永定河休闲森林公园的95.29万亩平原生态公益林进行投保，保险内容与山区生态公益林一致；第三，特别增设林木公众责任保险，对因生态公益林与城市园林绿化林引发的公众财产损失及人身伤害，提供每次事故150万元/人的赔偿限额，财产损失按实际损失额赔偿，单次事故最高1亿元，累计赔偿限额2亿元，为首都的生态安全、森林资源及园林绿化建设筑起了一道坚实的保护屏障。

2023年7月，黑龙江省财政厅、黑龙江省林业和草原局、中国银行保险监督管理委员会黑龙江监管局联合印发了《黑龙江省财政补贴型森林保险工作实施方案》，将重点国有林区、地方国营林场、集体林区所有的森林全部纳入政策性森林保险补贴范围，是黑龙江省森林保险政策的重大突破。方案规范了产品备案、承保操作、理赔处理、风险管理等流程，明确了保费补贴细则。具体方案上实现提额降费，保额由此前执行的600元/亩提高到800元/亩，费率则由3.5‰降低至2.5‰。据统计，在新政策支持下，黑龙江省森林保险规模呈现大幅提升态势。

2023年8月，浙江省林业局、浙江省财政厅、国家金融监督管理总局浙江监管局、浙江省农业农村厅联合印发了《关于优化政策性公益林保险的通知》，重点完成了对原公益林火灾险的优化升级，将保险责任范围由单一火灾责任调增为火灾、暴雨、台风、暴风、龙卷风、洪水、泥石流、冰雹、冻害、暴雪、雨凇、干旱以及林业主要有害生物灾害等。同时，为进一步提升财政保障效能，公益林保额由450元/亩提升至600元/亩。在保费补贴方面，按参保公益林每亩600元物化成本的2‰予以保费补贴，其中，中央财政承担50%，29个财政相对困难地区由省、县财政分别承担40%、10%，其他地区由省、县财政分别承担20%、30%。

2023年8月，山东省财政厅、山东省发展和改革委员会、山东省自然资源厅、山东省农业农村厅、山东省畜牧兽医局、国家金融监督管理总局山东监管局6个部门联合印发《关于进一步加强农业保险保费补贴资金拨付管理的通知》，建立省级保费补贴资金拨付管理和督导机制。《通知》分为五个部分，第一部分为加快资金审核拨付进度，主要明确农业保险保费补贴资金审核、拨付流程，以及省级在日常调度、通报和督导等方面安排；第二部分为建立与奖补资金分配挂钩机制，说明保费补贴拨付进度在绩效评价、资金分配、试点评选等方面的应用方式；第三部分为明确补贴资金拨付口径，阐明资金拨付数据的统计方式，明确统计数据的口径和来源；第四部分为严格补贴资金结算流程，阐明补贴资金结算的具体流程、办理时限等；第五部分为压实各级各方责任，要求增强合规意识，提高工作质效。该政策通过优化资金拨付流程和加强资金管理，提高了森林保险资金的使用效率，促进了森林保险的健康发展。

2023年11月，福建省林业局、福建省财政厅、国家金融监督管理总局福建监管局共同印发了《关于做好森林综合保险工作的通知》，明确继续以设区市为单位，由设区市林业局、财政局共同开展森林保险承保机构遴选工作，完善了森林综合保险方案，建立了科学的保险费率拟定和动态调整机制，实现差异化定价，根据近年来赔付率偏高的情况，通知规定在2024—2026年，每亩保费由1.5元提高至1.8元，同时明确了各部门的具体职责分工，鼓励各地落实“以奖代补”政策，丰富林业特色保险产品。

2023年11月，广东省财政厅、广东省农业农村厅、广东省林业局、国家金融监督管理总局广东监管局联合制定和颁布了《广东省政策性农业保险实施方案（2024—2026年）》，对森林保险继续实行差异化保险费率，根据沿海与内地、公益林与商品林的不同风险系数，进一步优化了保险费率。调整后，内地公益林费率为0.15%，即保费1.8元/亩，商品林费率为0.4%，即保费4.8元/亩（农户自负1.44元）；沿海公益林费率为0.4%，即保费4.8元/亩，商品林费率为0.8%，即保费9.6元/亩（农户自负2.88元）。同时，将油茶纳入省级财政补贴型森林险，油茶保险对油茶树体和油茶鲜果同时投保，并参照种植成本和预期收入设定保额。

2023年12月，云南省林业和草原局、云南省财政厅、国家金融监督管理总局云南监管局共同印发《云南省2024—2026年政策性森林保险实施方案》，方案明确将过去实施的单一火灾险升级为综合保险，对野生动物造成林木损失确定由野生动物公众责任险先行赔付，并针对各市（州）经济状况设置了不同的省级财政补贴比例，实现差异化补贴，同时还制定了协调工作机制和信息调度制度，林草部门能够及时掌握森林保险情况，更好地指导各地开展保险工作。

2023年12月，江西省财政厅、江西省农业农村厅、江西省林业局、江西省地方金融监督管理局、国家金融监督管理总局江西监管局等5个部门联合印发了《关于进一步优化我省政策性农业保险运行机制的意见》，围绕提高农业保险保障水平、优化完善农业保险方案、规范保险承保理赔管理、改进承保机构遴选方式、强化农业保险运行监管、发挥绩效评价机制作用及加强工作组织协同机制等方面提出了明确要求。

二、加强承保机构遴选工作

2023年12月，吉林省财政厅、吉林省农业农村厅、吉林省林业和草原局联合印发了《吉林省2024年政策性农业保险承保机构遴选工作方案》。根据方案，遴选对象为获得国家金融监督管理总局吉林监管局核准的农业保险经营资格、符合规定并具有在吉林省开展政策性农业保险业务经验的

10家保险机构；遴选服务期限为5年；遴选标包数量不超过5个，产粮大县标包数量为5个，以充分保障其农业生产的保险需求；非产粮大县则根据各自实际情况，在1～5个范围内自行确定标包数量，确保资源的高效配置与精准对接。

2023年10月，贵州省财政厅、贵州省农业农村厅、贵州省林业局联合印发了《贵州省公开遴选政策性农业保险承保机构的实施意见》，对承保机构的服务期限、遴选的评价标准、平均赔付率、结案率等进行了规范，并将护林员意外伤害以及见义勇为保险捐赠情况作为加分项纳入承保机构的遴选条件中，明确了承保机构在森林保险的服务范围内为护林员捐赠保险达到95%以上的加2分，鼓励承保机构积极为护林员捐赠保险。

2023年10月，山西省财政厅、山西省农业农村厅、山西省林业和草原局、国家金融监督管理总局山西监管局共同印发了《关于做好政策性农业保险承保机构遴选工作的通知》，对遴选条件、遴选内容、遴选管理做了详细的规定，确定了省直属国有林由省直各国有林管理局作为遴选人开展，各市县区辖区内集体林由市财政部门作为遴选牵头人开展，森林险和种植险分别划分标包，森林险以县为单位进行划分，有利于林草管理部分选出符合林草行业需求的保险机构。同时，山西省林草局还印发了《关于进一步规范省直林局森林保险承保机构遴选工作的通知》。

三、推进地方林草特色保险

2023年1月，江西省财政厅、江西省农业农村厅、江西省林业局、中国银行保险监督管理委员会江西监管局4个部门联合发布《关于印发我省油茶中药材蔬菜保险实施方案的通知》，对油茶、中药材和蔬菜等险种实施降费，将油茶树体保险费率由0.6%降为0.5%，油茶鲜果保险费率由7%降为4%，油茶价格指数保险费率由7%降为5%，中药材种植险费率由6%降为4.5%，在不降低保额、不影响农户理赔最大获赔额的情况下，通过不断降低保险费率，进一步减轻农户自缴保费和市县财政补贴的压力。

2023年12月11日，湖南省人民政府公布了《湖南省陆生野生动物致害补偿办法》，该办法明确致害补偿的范围包括国家重点保护野生动物、有重要生态科学社会价值的陆生野生动物、湖南省地方重点保护野生动物以及其他致害严重的陆生野生动物。《办法》明确规定，为了保障公民、法人和其他组织因保护陆生野生动物造成人身伤亡、财产损失依法享有政府补偿的权利，设区的市、自治州和县（市、区）人民政府可以采取政府直接补偿方式，或者采取购买保险方式进行补偿。

2023年，内蒙古自治区林业和草原局发布《关于切实做好2023年森林草原保险工作的通知》，通知要求各地应紧密围绕《内蒙古自治区2023年农业保险保费补贴实施方案》，扎实做好政策落实工作，确保草原保险试点地区的投保、报险及理赔等环节得以顺利、高效地完成，为草原生态安全筑起坚实的保障屏障。

第二章
发展情况

截至2023年年底，中央财政森林保险保费补贴政策已覆盖全国28个省（自治区、直辖市），加上大连、宁波、厦门和青岛4个计划单列市，以及大兴安岭林业集团、内蒙古森工集团、吉林森工集团和长白山森工集团4个森工集团，全国共有36个参保地区和单位（与2022年相同），总参保面积为24.79亿亩，总保费规模为39.1亿元，提供风险保障约2.03万亿元；各级财政补贴总额为34.08亿元，其中中央财政补贴17.03亿元；全年完成已决赔款14.43亿元，未决赔款3.73亿元，简单赔付率为36.92%。

第一节　参保面积

2023年，我国森林保险稳步发展，较2022年的24.65亿亩稳中微升。其中，公益林参保面积较2022年的18.19亿亩略有下降，而商品林参保面积继续保持增长态势。

一、总参保面积保持稳定

2023年，全国森林保险总参保面积为24.79亿亩，较2022年增加0.14亿亩，增长率为0.57%。其中，公益林参保面积为18.04亿亩，商品林参保面积6.74亿亩，分别占72.77%和27.19%（表2-1）。

表2-1　2019—2023年全国森林保险面积

年份	总参保森林		公益林		商品林	
	面积（亿亩）	增幅（%）	面积（亿亩）	占比（%）	面积（亿亩）	占比（%）
2019	23.56	1.29	17.93	76.10	5.63	23.90
2020	24.37	3.44	18.27	74.97	6.10	25.03
2021	24.64	1.11	18.40	74.68	6.24	25.32
2022	24.65	0.04	18.19	73.79	6.46	26.21
2023	24.79	0.57	18.04	72.77	6.74	27.19

注：各项全国统计数据中均不包含香港特别行政区、澳门特别行政区和台湾省，其中，2019年增加了黑龙江省和江苏省的数据；2020年黑龙江省因地方财政调整暂停了集体林政策性保险；2021年新增宁夏回族自治区，黑龙江省恢复森林保险工作；2022年新增了天津市的数据。

从年度变化来看，2019—2023年，全国森林保险参保总面积从23.56亿亩增加到24.79亿亩，5年增加了1.23亿亩，增幅为5.22%，且近4年连续稳定在24亿亩以上；全国森林保险总参保面积连续5年保持增长，年均增速为1.29%（图2-1）。从参保结构来看，2023年公益林参保面积为18.04亿亩，商品林参保面积为6.74亿亩。与2022年相比，公益林参保面积略有下降，商品林参保面积在稳步增加。

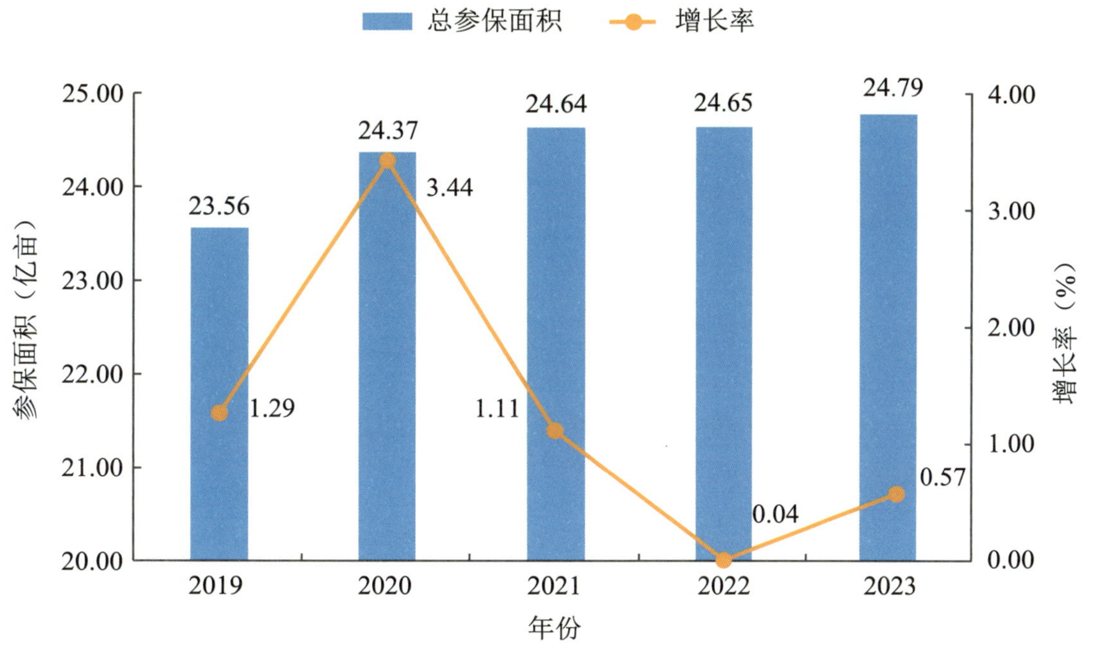

图 2-1　2019—2023 年全国森林保险总参保面积及增长率

二、公益林保险面积略有下降

2023年，全国公益林参保面积为18.04亿亩，相比2022年的18.19亿亩微降，降幅为0.82%（图2-2）。近5年来，公益林参保面积趋于稳定，占总参保面积的比例略有下降。

全国36个参保地区和单位均开展了公益林保险工作。公益林参保面积排名前五位的地区和单位依次为内蒙古、四川、云南、陕西、内蒙古森工集团，排名与2022年一致（表2-2）。从占比来看，有31个地区和单位的公益林参保面积占当地森林保险总参保面积的50%以上，其中有18个地区和单位的占比超过90%，公益林仍然是各地森林保险参保的主要组成部分。

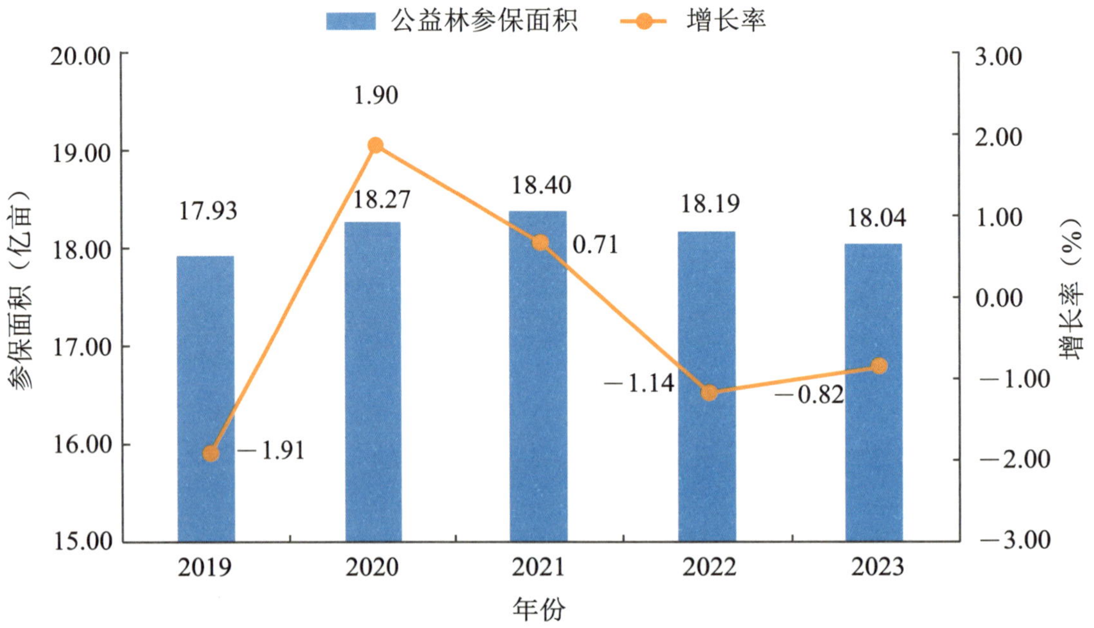

图 2-2　2019—2023 年全国公益林参保面积及增长率

表2-2　2023年各地区和单位公益林参保面积分布情况

面积（万亩）	0～1000	>1000～5000	>5000～10000	>10000～30000
地区和单位	黑龙江、天津、厦门、大连、青岛、江苏、宁夏、宁波、吉林森工集团	海南、北京、山东、长白山森工集团、河南、吉林、安徽、湖北、辽宁、河北、重庆、福建、浙江、青海、江西	山西、大兴安岭林业集团、广东、广西、湖南、甘肃、贵州、内蒙古森工集团	陕西、云南、四川、内蒙古

从变化幅度来看，2023年，有23个地区和单位公益林参保面积下降，5个地区未发生变化，8个地区公益林参保面积上升（图2-3）。增幅明显的有黑龙江（从0.29万亩增至505.84万亩）、湖北（73.37%）和江苏（26.39%）。2023年黑龙江省重点推进森林保险推广，将黑龙江省政策性森林保险承保范围扩大至省内所有国有林和集体林，实现森林保险承保范围全覆盖。降幅最大的为内蒙古，公益林参保面积减少了11.82%。

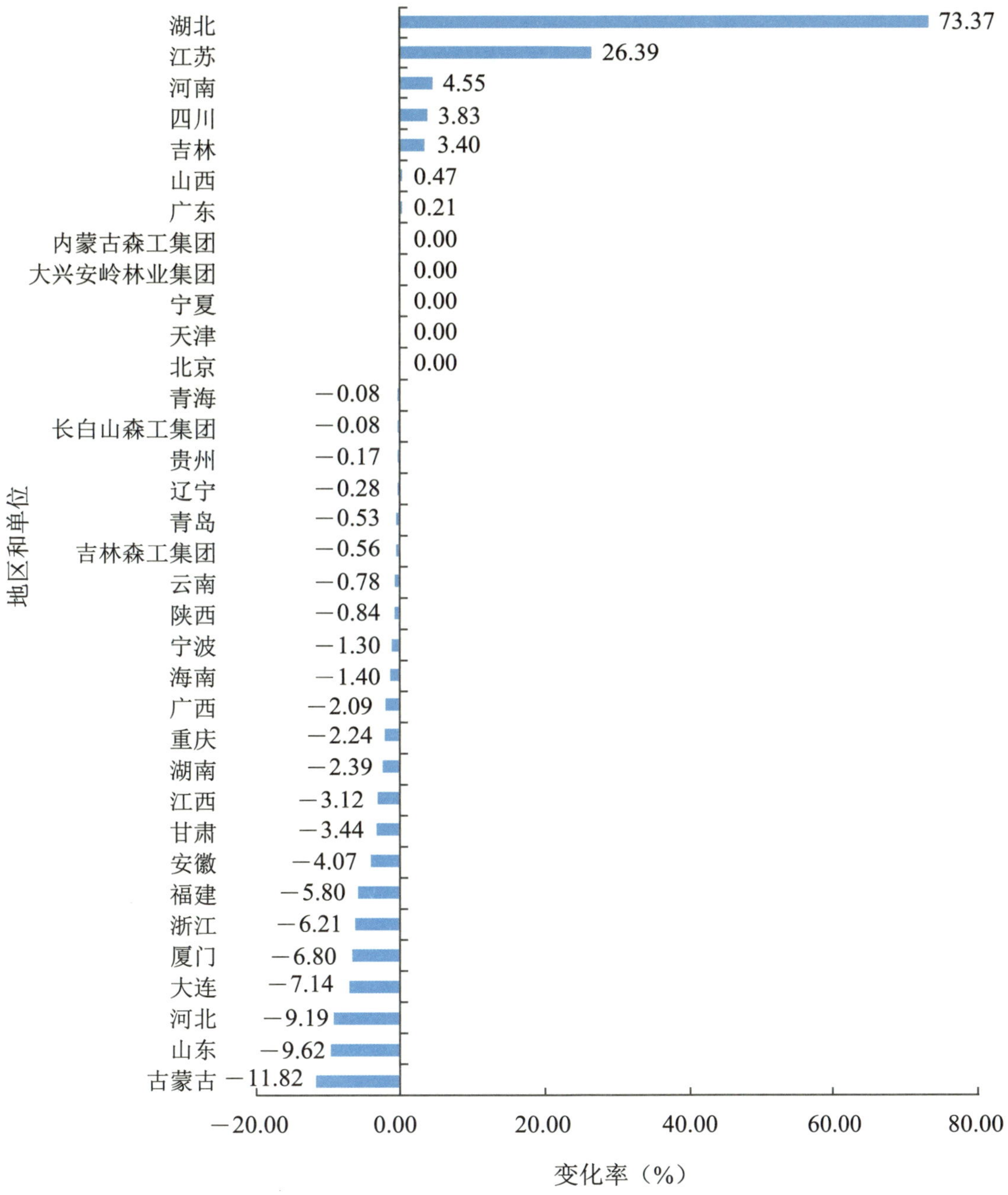

图 2-3 2023 年各地区和单位公益林参保面积同比增速

注：黑龙江公益林参保面积由0.29万亩增至505.84万亩，变化率较大，图中未显示。

三、商品林参保面积继续增加

2023年，全国商品林参保面积为6.74亿亩，相比2022年增加了0.28亿亩，增幅为4.33%（图2-4）。近5年来，商品林参保面积持续增加。

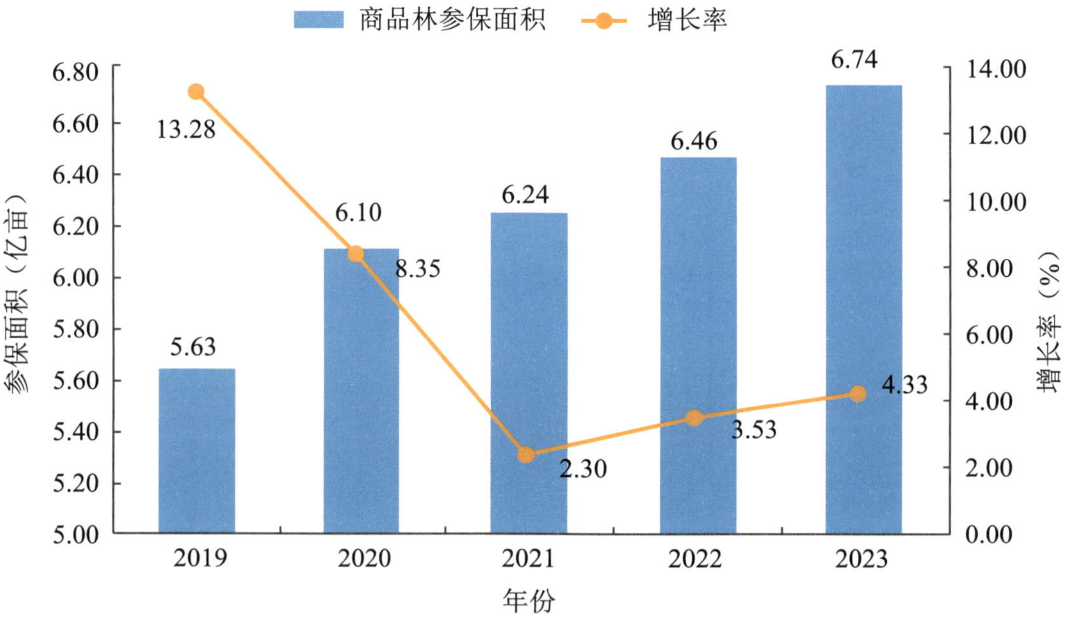

图 2-4　2019—2023 年全国商品林参保面积及增长率

分地区来看，全国36个参保地区和单位中，有30个开展了商品林保险工作，北京、江苏、青岛、宁夏、天津和大兴安岭林业集团未开展。商品林保险参保面积排名前五位的地区和单位依次为云南、江西、福建、广西、湖南（表2-3）。从占比来看，有12个地区的商品林参保面积占当地森林保险总参保面积的30%以上。

表 2-3　2023 年各地区和单位商品林参保面积分布情况

面积（万亩）	＞0～1000	＞1000～5000	＞5000～10000
地区和单位	黑龙江、大连、河南、甘肃、山东、青海、宁波、厦门、海南、内蒙古、山西、重庆、湖北、浙江、山西、辽宁	吉林森工集团、河北、长白山森工集团、吉林、广东、安徽、四川、内蒙古森工集团、贵州	湖南、广西、福建、江西、云南

从变化幅度来看，有16个地区和单位商品林参保面积上升，11个地区参保面积下降（图2-5）。增幅明显的有黑龙江（从0.55万亩增至109.57万亩）、河南（从3.51万亩增至201.97万亩）

和湖北（147.71%）。黑龙江和湖北的面积大幅增长均得益于扩大了省内补贴政策覆盖区域。降幅明显的有山东（－43.50%）、内蒙古（－26.05%）和厦门（－23.23%）。

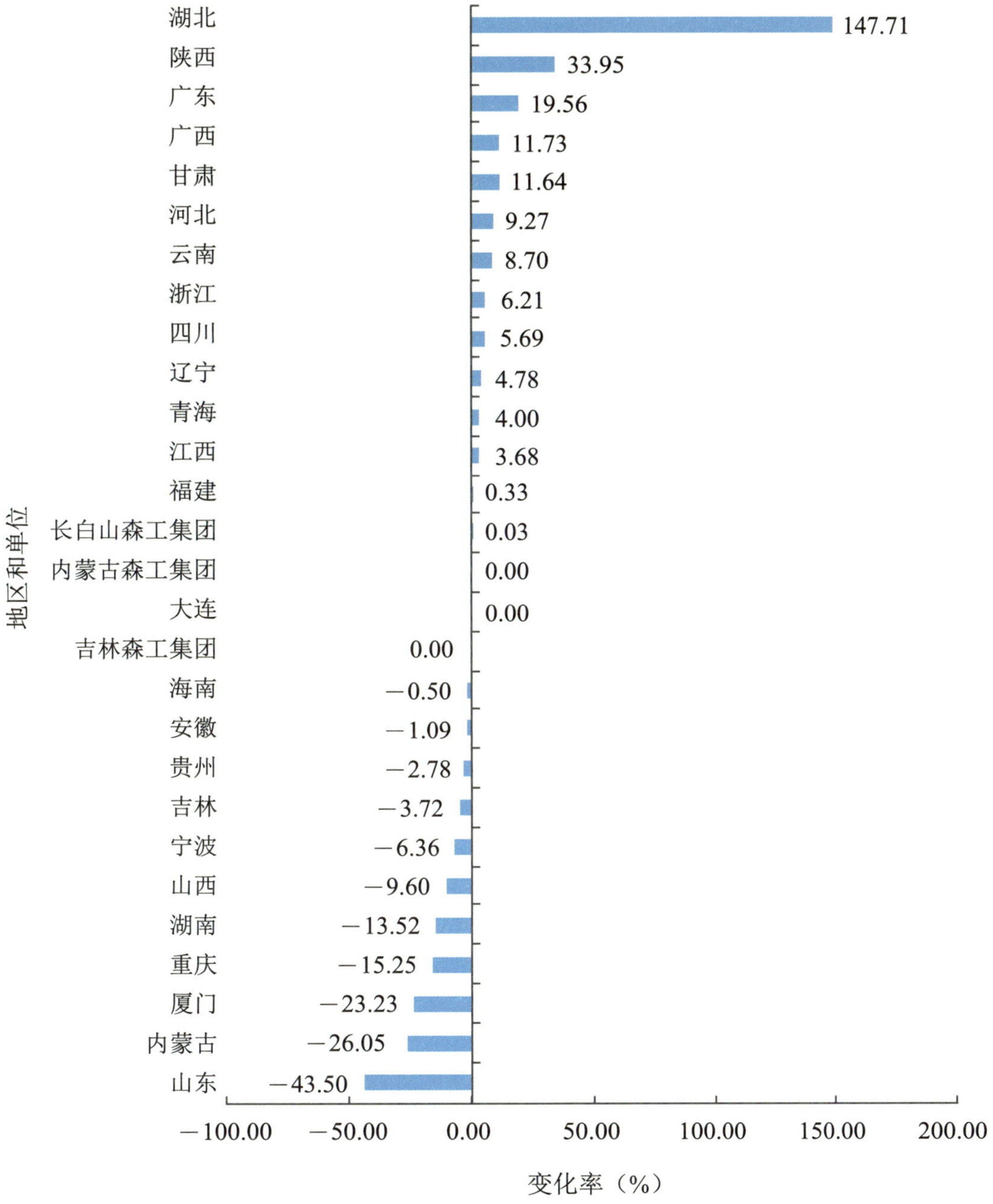

图 2-5 2023 年各地区和单位商品林参保面积同比增速

注：北京、天津、江苏、青岛、宁夏、大兴安岭林业集团公司尚未开展政策性商品林保险，图中未列出，下同。黑龙江、河南变化率较大，图中不便显示。

第二节　保险保费

2023年，我国森林保险保费总额有小幅增加，其中，商品林保费相比2022年有所提高，公益林保费小幅减少。公益林亩均保费和商品林亩均保费均有所增加。总体保险费率与2022年持平。

一、保费总额小幅增加，保险费率总体持平

2023年，全国森林保险保费合计39.10亿元，比2022年增加了0.73亿元，增长1.90%；亩均保费为1.58元，比2022年上升1.28%；保险费率为1.93‰，同比持平。2019—2023年，全国森林保险保费从34.97亿元增加到39.10亿元，增幅为11.81%，年均增速为2.83%。同期亩均保费由1.48元提高到1.58元，涨幅为6.76%，变化幅度不大。从保险费率来看，2023年的保险费率为1.93‰，与2022年持平，比2019年下降了0.39个千分点（表2-4）。

表2-4　2019—2023年全国森林保险保费变化情况

年份	保费		亩均保费		保险费率	
	金额（亿元）	变化（%）	金额（元）	变化（%）	费率(‰)	变化(千分点)
2019	34.97	0.60	1.48	−0.67	2.32	−0.07
2020	36.41	4.12	1.49	0.68	2.29	−0.03
2021	37.32	2.50	1.51	1.34	2.18	−0.11
2022	38.37	2.81	1.56	3.31	1.93	−0.25
2023	39.10	1.90	1.58	1.28	1.93	0.00

从参保结构来看，2023年，商品林保险保费占全国森林保险保费的35.41%，较2022年上升了1.58个百分点。商品林保险保费占比不断上升，从2019年的30.28%上升到2023年的35.41%，近5年提高了5.13个百分点（图2-6）。

从参保地区和单位来看，2023年有15个地区保费增加，增幅排名前五位的是黑龙江、湖北、河南、浙江和江苏，分别增长了106005.17%、82.75%、48.57%、31.09%和26.39%。黑龙江2023年重点推进森林保险推广，将政策性森林保险承保范围扩大至省内所有国有林和集体林，实现森林保险承保范围全覆盖。有19个地区和单位保费下降，降幅排名前五位的是厦门、内蒙古、山东、湖南和

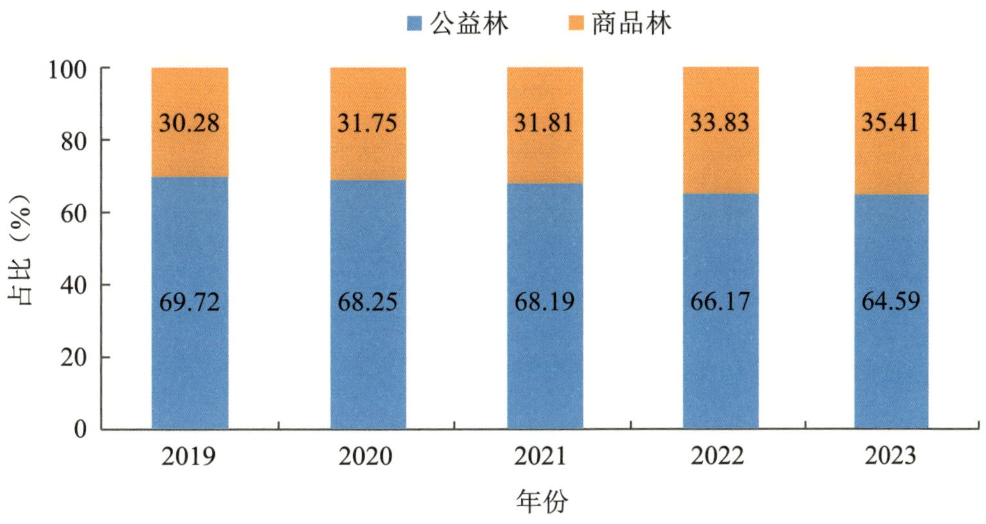

图 2-6　2019—2023 年全国森林保险保费构成及其变化情况

大连，分别下降了15.29%、10.31%、10.23%、10.13%和7.01%（图2-7）。

二、公益林保费略有下滑，保险费率持续下降

2023年，全国公益林保险保费为25.26亿元，占森林保险保费总额的64.59%，比2022年减少了0.13亿元，下降0.51%；亩均保费达1.40元，与2022年持平；保险费率为1.78‰，比2022年下降了0.02个千分点（表2-5）。

从年度变化来看，2019—2023年，公益林保费规模总体稳定在25亿元左右。公益林保费占森林保险保费的比重逐年降低。2019—2023年，公益林保险亩均保费从1.36元增加到1.40元，增幅为2.94%；公益林保险费率从2.22‰降至1.78‰，降低了0.44个千分点。自2019年以来，费率水平有小幅下降。

表2-5　2019—2023年全国公益林保险保费变化情况

年份	保费		亩均保费		保险费率	
	金额（亿元）	变化（%）	金额（元）	变化（%）	费率（‰）	变化（千分点）
2019	24.38	−3.98	1.36	−2.16	2.22	−0.08
2020	24.85	1.93	1.36	0.00	2.19	−0.03
2021	25.45	2.41	1.38	1.47	2.07	−0.12
2022	25.39	−0.24	1.40	1.45	1.80	−0.27
2023	25.26	−0.51	1.40	0.00	1.78	−0.02

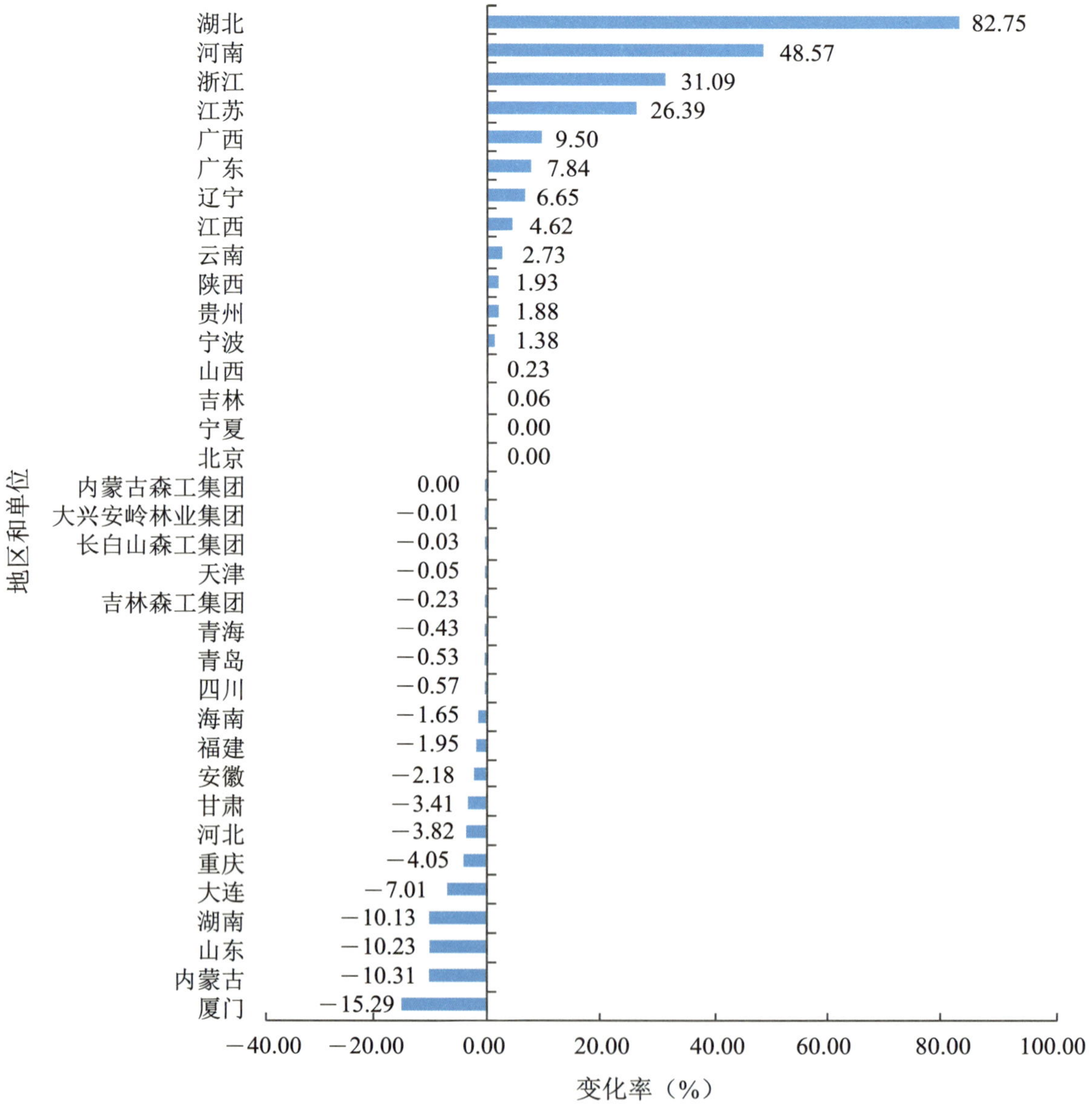

图 2-7　2023 年各地区和单位森林保险保费变化率

注：2023年黑龙江省保险保费从1.16万元增加到1230.82万元，变化幅度较大，不便显示，图中未列示。

从各参保地区和单位的情况来看，由于参保面积、费率和亩均保额变化较大，2023年，黑龙江、湖北和浙江公益林保费涨幅较大，同比分别增长了165749.18%、73.37%和48.29%；内蒙古、山东和河北的公益林保费同比分别下降了10.26%、9.62%和9.19%（图2-8）。黑龙江的公益林保额从600元/亩调整为800元/亩，同时保险费率从3.5‰降到2.5‰，亩均保费不变，公益林保险规模大幅度提升。

从亩均保费来看，多数参保地区和单位2023年的公益林亩均保费介于1～2元。其中，宁波亩均

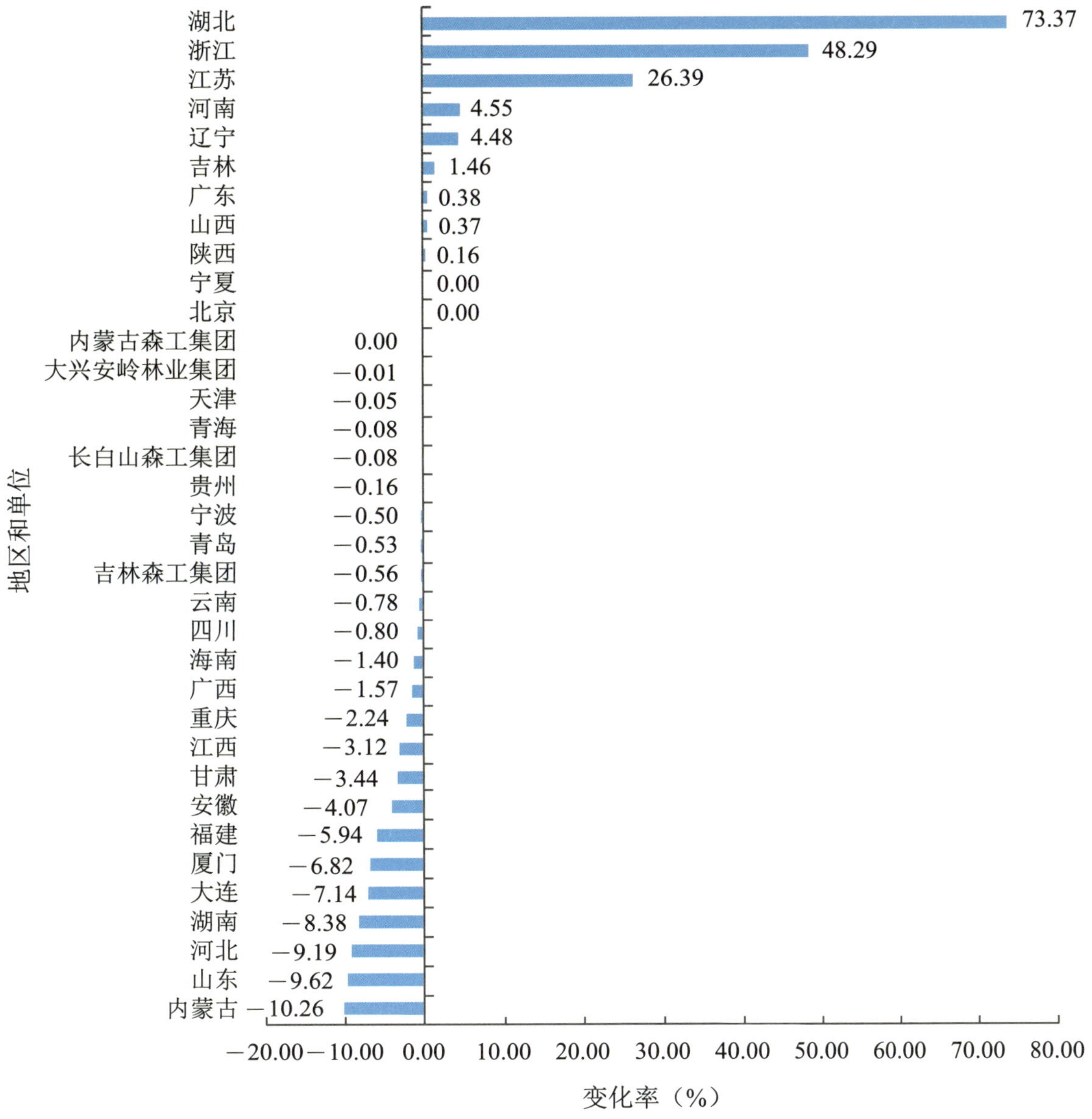

图 2-8　2023 年各地区和单位公益林保险保费变化率

注：2023年黑龙江省公益林保险保费从0.61万元增加到1011.68万元，
变化幅度较大，不便显示，图中未列示。

保费最高，为4.13元，比2022年上涨0.03元；山东次之，为4元，浙江、河南、四川、云南的亩均保费低于1元，其中云南最低，仅为0.40元（图2-9）。

保险费率方面，大部分地区和单位2023年的公益林参保平均费率在2‰～4‰。其中，四川的平均费率最低，为0.9‰；宁波的平均费率最高，为5.16‰，其次是山东的5‰（图2-10）。

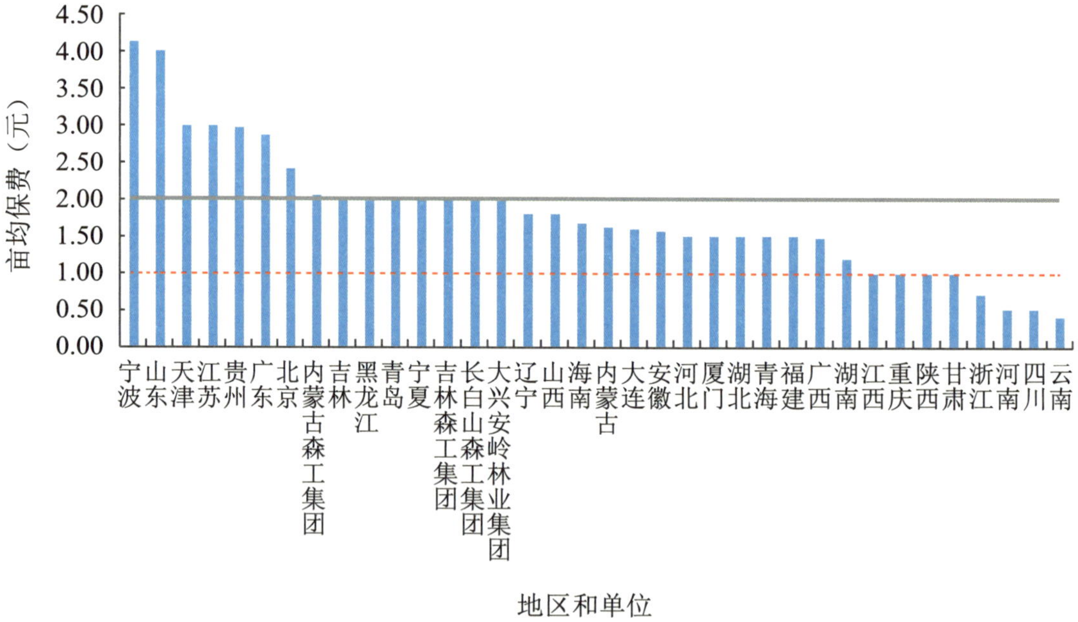

图 2-9　2023 年各地区和单位公益林亩均保费

注：实线表示亩均保费2元，虚线表示亩均保费1元。

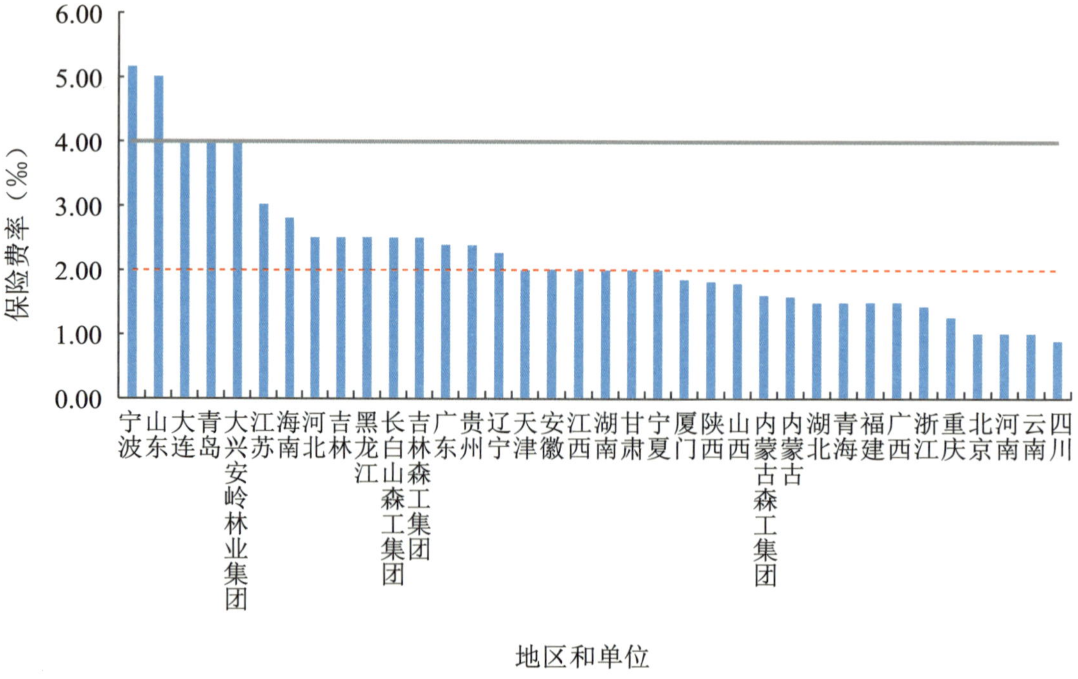

图 2-10　2023 年各地区和单位公益林保险费率

注：实线表示保险费率4‰，虚线表示保险费率2‰。

三、商品林保费稳步提升，保险费率有所下降

2023年，全国商品林保险保费为13.84亿元，与2022年相比增加0.86亿元，增幅为6.63%。亩均保费为2.05元，比2022年增加了0.04元，增幅为1.99%；平均费率为2.27‰，同比增加了0.03个千分点（表2-6）。

表2-6 2019—2023年全国商品林保险保费变化情况

年份	保费		亩均保费		保险费率	
	金额（亿元）	变化（%）	金额（元）	变化（%）	费率（‰）	变化（千分点）
2019	10.59	13.02	1.88	0.00	2.60	－0.01
2020	11.56	9.16	1.90	1.06	2.56	－0.04
2021	11.87	2.68	1.90	0.00	2.43	－0.13
2022	12.98	9.35	2.01	5.79	2.24	－0.19
2023	13.84	6.63	2.05	1.99	2.27	0.03

自2019年以来，商品林保费连续5年保持增长的趋势。商品林保费在全国森林保险保费中的占比保持上升态势，从2019年的30.28%上升至2023年的35.41%。

从参保地区和单位的情况来看，黑龙江、河南、湖北、陕西、宁波的商品林保费涨幅位列前五，分别为39743.64%、5242.16%、147.71%、35.30%和22.27%。与2022年相比，商品林保费降幅最大的为山东，降幅为43.50%，内蒙古、厦门、重庆、湖南也出现了明显下降，降幅分别为－24.06%、－23.25%、－15.25%和－11.51%（图2-11）。

从亩均保费来看，2023年，大部分地区和单位的商品林亩均保费为1～3元，其中，青海的商品林亩均保费最高，为9.61元；云南的商品林亩均保费最低，为0.40元（图2-12）。

从保险费率来看，2023年，大部分地区和单位的商品林保险费率介于2‰～4‰。宁波的商品林保险费率最高，达8.00‰；其次是青海，为7.65‰；云南最低，为1‰（图2-13）。

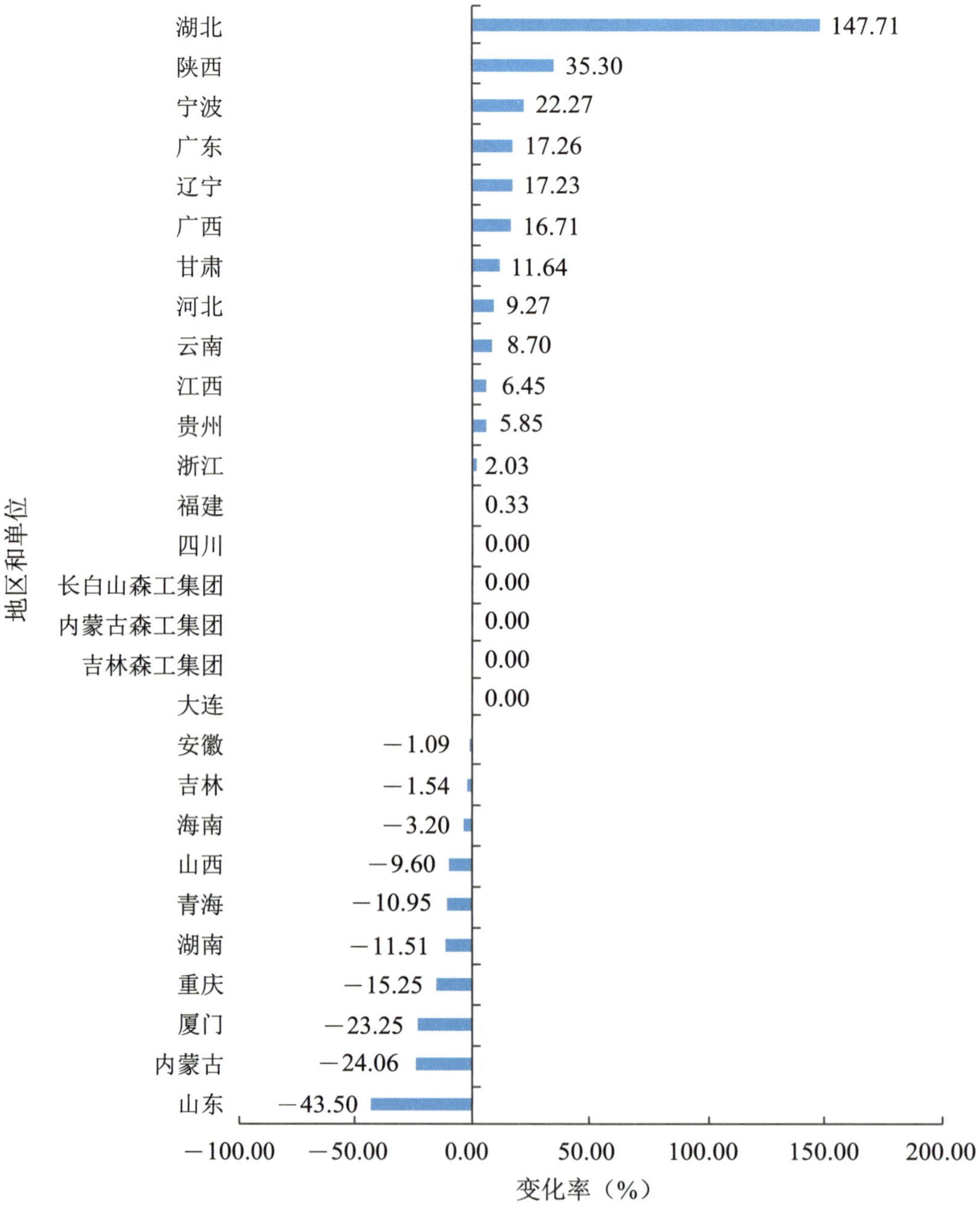

图 2-11　2023 年各地区和单位商品林保险保费变化率

注：2023年黑龙江省商品林保险保费从0.55万元增加到219.14万元，变化率为39743.64%；河南省公益林保险保费由8.42万元增加到449.81万元，变化率为5242.16%；两者变化幅度较大，不便显示，图中均未列示。

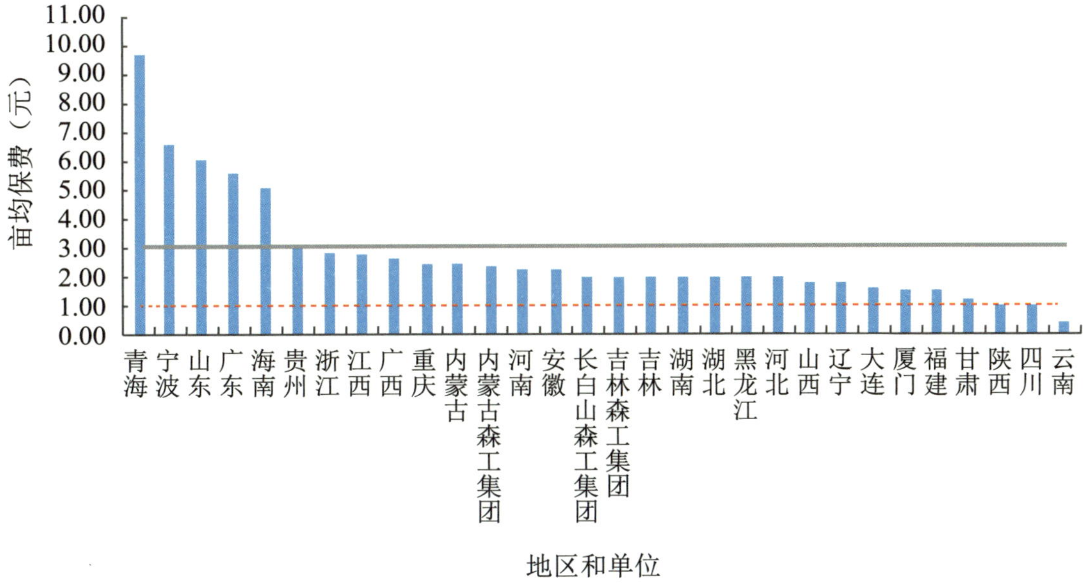

图 2-12　2023 年各地区和单位商品林亩均保费

注：实线表示亩均保费3元，虚线表示亩均保费1元。

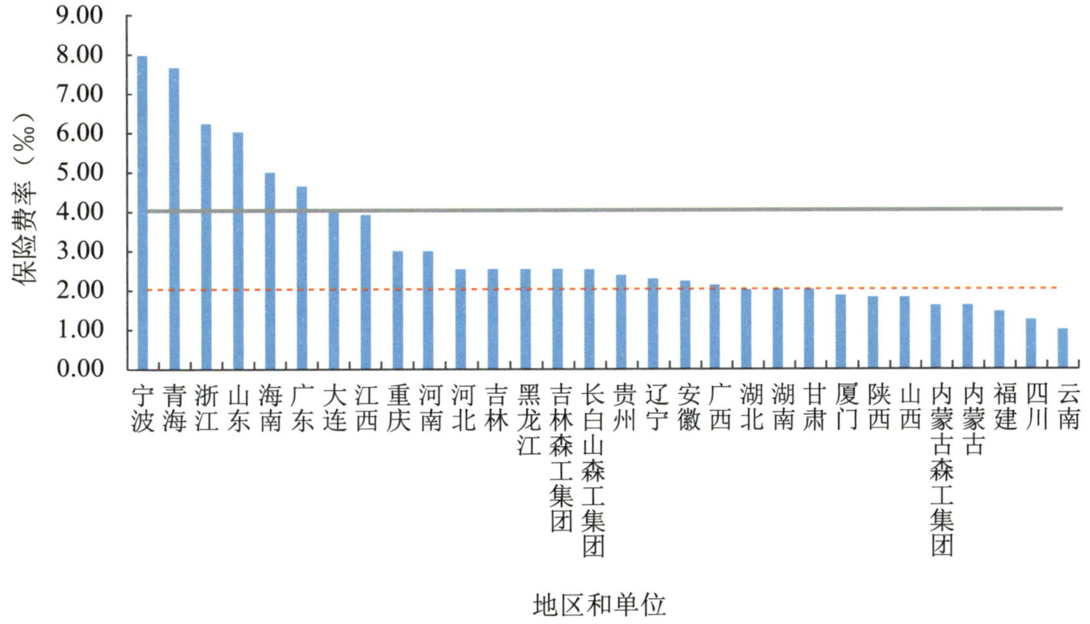

图 2-13　2023 年各地区和单位商品林保险费率

注：实线表示保险费率4‰，虚线表示保险费率2‰。

第三节　保费补贴

2023年，我国继续保持高水平的森林保险保费财政补贴，中央、省、市县三级财政分担了大部分保费，由林业经营者承担的保费仅占12.84%。

一、各级财政投入保持稳定

2023年，中央、省、市县三级财政对森林保险的保费补贴共计34.08亿元，比2022年增加了0.42亿元，提高了1.25%。各级财政补贴占全国森林保险保费总额的87.16%，比2022年下降0.56个百分点（图2-14）。

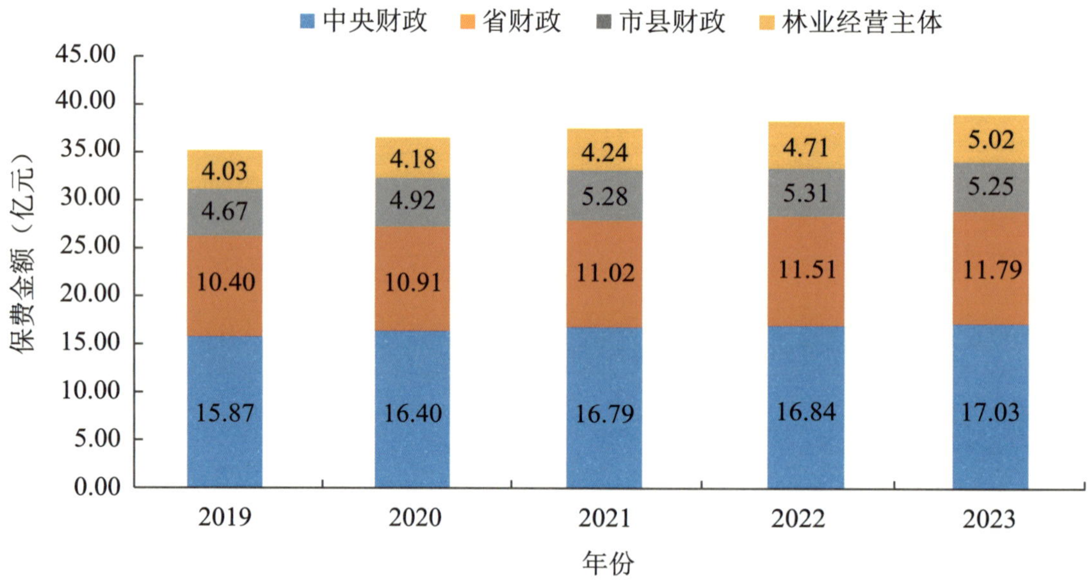

图 2-14　2019—2023 年全国森林保险保费分担情况

从各级财政保费补贴结构来看，2023年，中央、省、市县三级财政对森林保险的保费补贴分别为17.03亿元、11.79亿元和5.25亿元，分别占保费总额的43.56%、30.17%和13.43%。从保费补贴结构变化来看，中央和省级财政保费补贴金额比2022年分别增加了0.19亿元、0.28亿元，市县财政补贴下降了0.06亿元。

从参保结构来看，受参保面积和补贴比例差异的影响，2023年森林保险保费补贴主要用于公益林保险，占全部财政补贴金额的64.60%，比2022年减少了7.24个百分点。商品林保险保费补贴占全部财政补贴金额的35.40%，比2022年增加了7.24个百分点（图2-15）。

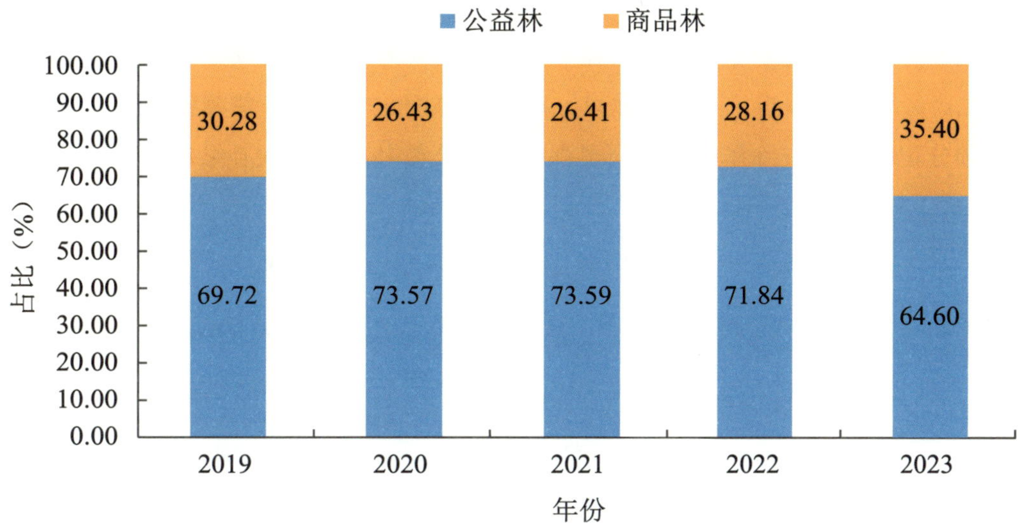

图 2-15　2019—2023 年全国森林保险保费补贴分配情况

二、半数参保地区公益林保费由财政全额负担

2023年，各级财政对公益林的保费补贴为24.02亿元，保费补贴比例达到95.10%。其中，中央、省、市县财政补贴金额分别为12.88亿元、7.61亿元和3.53亿元，分别占公益林保费的51.00%、30.13%和13.97%（图2-16）。

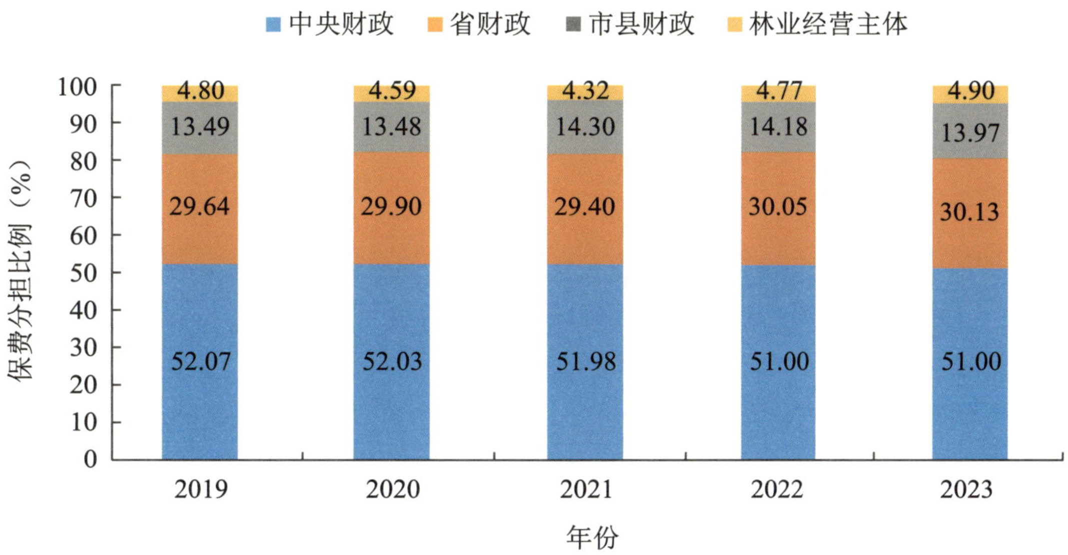

图 2-16　2019—2023 年全国公益林保险保费分担情况

在各级财政补贴之后，林业经营主体实际承担公益林保费为1.24亿元，占公益林保费的4.90%，分担比例较2022年增加了0.13个百分点。近5年来，林业经营主体分担比例基本稳定在4%～5%。

从各地区和单位的情况来看，36个公益林参保地区和单位中，有18个地区和单位的公益林保费无须林业生产经营主体承担，其中，北京、江西、海南、宁夏的公益林保费由中央和省级财政按照1∶1全额分担。大兴安岭林业集团公司森林保险公益林中央财政补贴比例为70%，企业承担比例为30%（表2-7）。

表2-7　2023年公益林保费财政补贴分布情况

补贴比例	＜90%	90%～＜100%	100%
地区和单位	大兴安岭林业集团	四川、天津、长白山森工集团、河北、陕西、黑龙江、厦门、吉林森工集团、福建、大连、内蒙古森工集团、吉林、湖南、江苏、辽宁、青海、甘肃	北京、山西、内蒙古、宁波、安徽、江西、山东、青岛、河南、湖北、广东、广西、海南、重庆、贵州、云南、宁夏、浙江

三、各级财政负担超七成商品林保费

2023年，各级财政对商品林保险保费补贴了10.06亿元，补贴比例达73%。其中，中央、省、市县财政补贴金额分别为4.15亿元、4.18亿元和1.72亿元，分别占商品林保费的30.00%、30.20%和12.50%（图2-17）。在各级财政补贴之后，林业经营主体实际分担的商品林保费为3.78亿元，占商品林保费的27.30%。近5年来，林业经营主体分担比例保持在26%～28%。

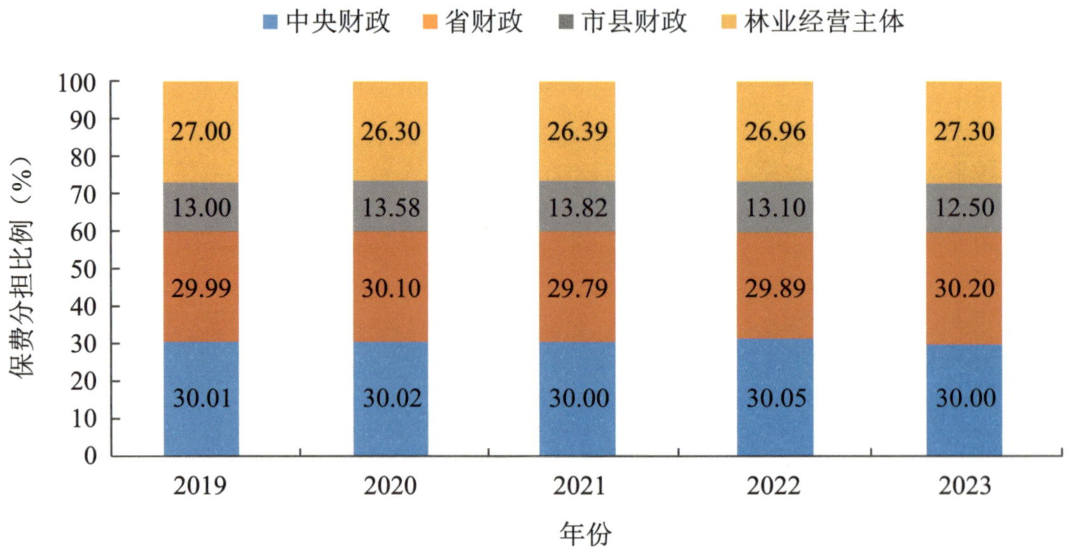

图2-17　2019—2023年各级财政商品林保险保费补贴比例变化情况

从各地区和单位的情况来看，除北京、天津、江苏、青岛、宁夏、大兴安岭林业集团暂未开展商品林保险外，其余30个地区和单位均开展了商品林保险。海南、湖北、江西和湖南等地区和单位的商品林保费补贴介于55%～75%，四川、辽宁、山西和大连等地的商品林保费补贴比例介于75%～85%（表2-8）。

表2-8 2023年商品林保费财政补贴比例分布情况

补贴比例	55%～＜75%	75%～＜85%	85%～＜100%
地区和单位	海南、湖北、江西、湖南、甘肃、内蒙古、黑龙江、河南、陕西、吉林森工集团、长白山森工集团、内蒙古森工集团、重庆、广东、福建、青海、吉林	四川、辽宁、山西、大连、山东、宁波、河北、安徽、广西	云南、贵州、浙江、厦门

第四节 保险金额

2023年，我国森林保险的风险保障能力持续稳步提升，提供了2.03万亿元的风险保障。公益林和商品林保险金额均保持增加态势。

一、总保险金额和单位保额小幅提升

2023年，全国森林保险总保额比2022年增加了362.44亿元，增长率为1.82%。其中，公益林保额14180.00亿元，比2022年增加0.38%；商品林保额6095.43亿元，比2022年增加5.33%。2023年，全国森林保险亩均保额为818.04元，较2022年增加10.32元，增长1.28%。公益林和商品林亩均保额分别为786.01元和903.70元，比2022年分别增长1.21%和0.95%（表2-9）。

表2-9 2019—2023年全国森林保险保额变化情况

年份	森林种类	总保额		单位保额	
		保额（亿元）	增长率（%）	保额（元/亩）	增长率（%）
2019	总　计	15065.25	3.74	639.44	2.41
	公益林	10991.53	−0.56	613.02	1.40
	商品林	4073.72	17.45	723.57	3.75
2020	总　计	15882.61	5.43	651.70	1.92
	公益林	11371.16	3.45	622.29	1.51
	商品林	4511.45	10.75	739.81	2.24

（续表）

年份	森林种类	总保额		单位保额	
		保额（亿元）	增长率（%）	保额（元/亩）	增长率（%）
2021	总　计	17147.78	7.97	695.81	6.77
	公益林	12271.74	7.92	666.74	7.14
	商品林	4876.04	8.08	781.60	5.65
2022	总　计	19912.99	16.13	807.72	16.08
	公益林	14126.00	15.11	776.63	16.48
	商品林	5786.99	18.68	895.18	14.53
2023	总　计	20275.43	1.82	818.04	1.28
	公益林	14180.00	0.38	786.01	1.21
	商品林	6095.43	5.33	903.70	0.95

从年度变化情况来看，2019—2023年，随着森林保险参保面积的增长，总保额逐年增加。森林保险亩均保额持续提高，2023年亩均保额为818.04元，比2019年提高27.93%，年均增速为6.35%（图2-18）。

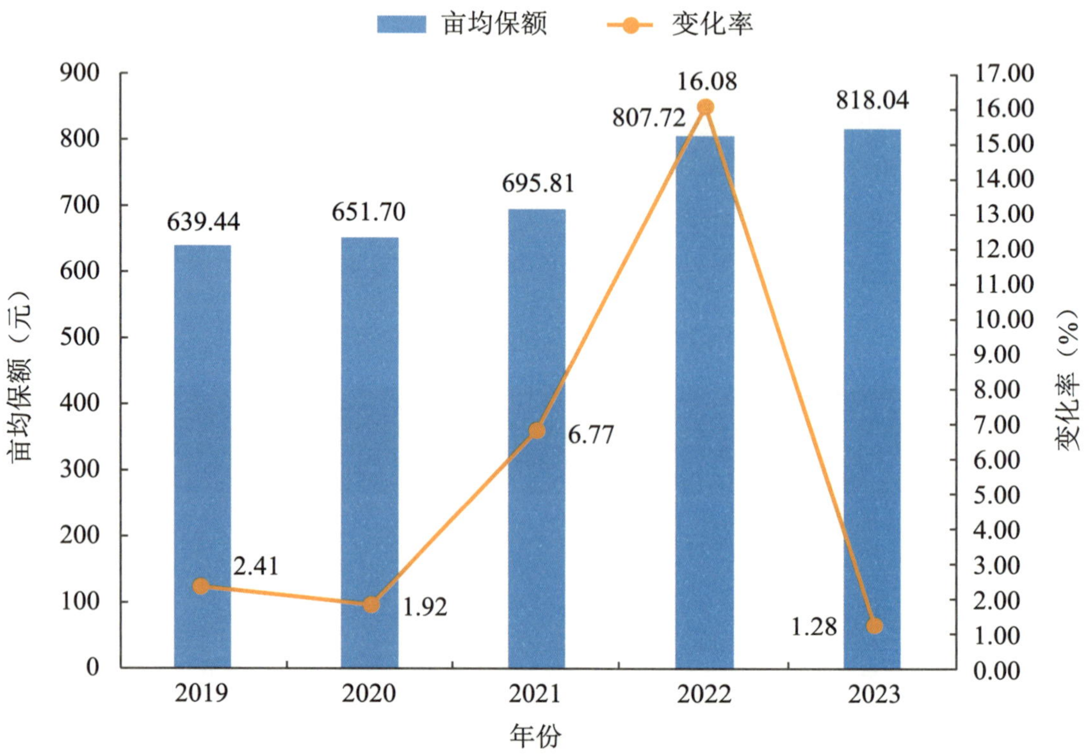

图2-18　2019—2023年全国森林保险亩均保额变化情况

从保额结构上来看，2023年，公益林保险保额占比为69.94%，相比2022年，下降1个百分点，相较于2019年，则下降3.02个百分点；商品林保险保额占比为30.06%，近5年来，商品林保险保额占全国森林保险保额的比例逐渐提升（图2-19）。

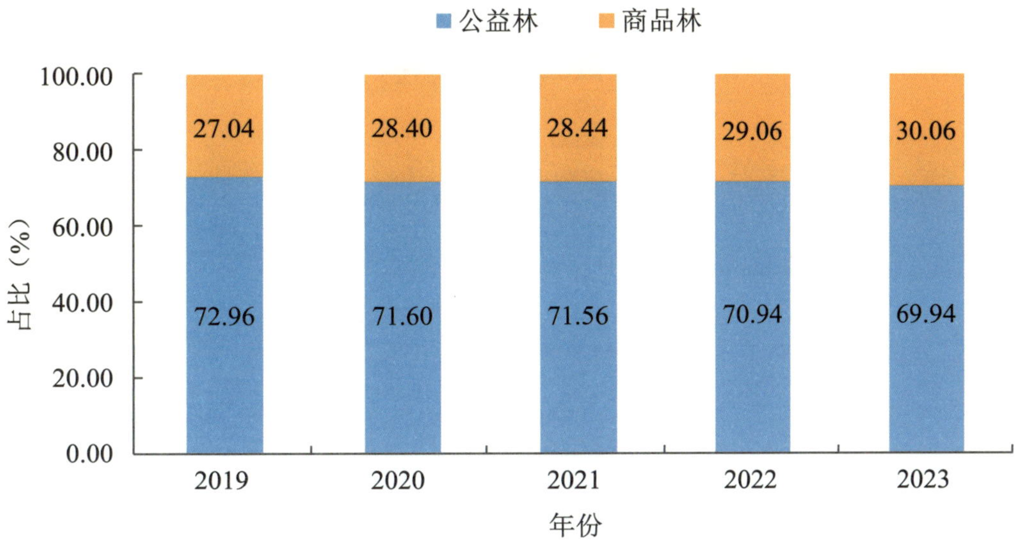

图 2-19 2019—2023 年全国森林保险保额构成及变化情况

从各参保地区和单位的情况来看，2023年有14个地区的总保险金额同比增加，增幅排名前五位的分别是黑龙江、湖北、江苏、河南、辽宁，分别增长148630.59%、53.00%、26.39%、19.31%、15.25%；有18个地区和单位的总保险金额减少，降幅较大的为厦门、山东、大连、内蒙古、河北，分别下降了10.90%、10.13%、7.01%、4.68%、3.82%（图2-20）。

各参保地区和单位的亩均保额介于400～2400元，其中最高的是北京，为2400元；最低的是大连和云南，均为400元，与2022年一致。北京、天津、内蒙古森工集团、贵州、广东、广西、福建、内蒙古、青海、山西、宁夏、江苏和湖北的公益林亩均保额均超过1000元（图2-21）。

浙江、云南扩大保险责任范围，将保险责任由单一火灾责任调整为涵盖火灾、台风、冻害、林业有害生物灾害等在内的综合责任。黑龙江、浙江、福建和广东4个省调整了保额和费率，提高了保障水平。陕西将国家级乡村振兴帮扶县保费下浮20%。

二、公益林保险稳步增长，单位保额持续提高

2023年，全国36个地区和单位的公益林总保险金额为14180.00亿元，比2022年增加了54亿元，增幅为0.38%；公益林亩均保额为786.01元（图2-22），比2022年增加9.38元，增幅为1.21%。

从年度变化情况来看，2023年公益林总保险金额比2019年增长了29.01%，年均增速为6.57%。2023年公益林亩均保额比2019年提高了28.22%。

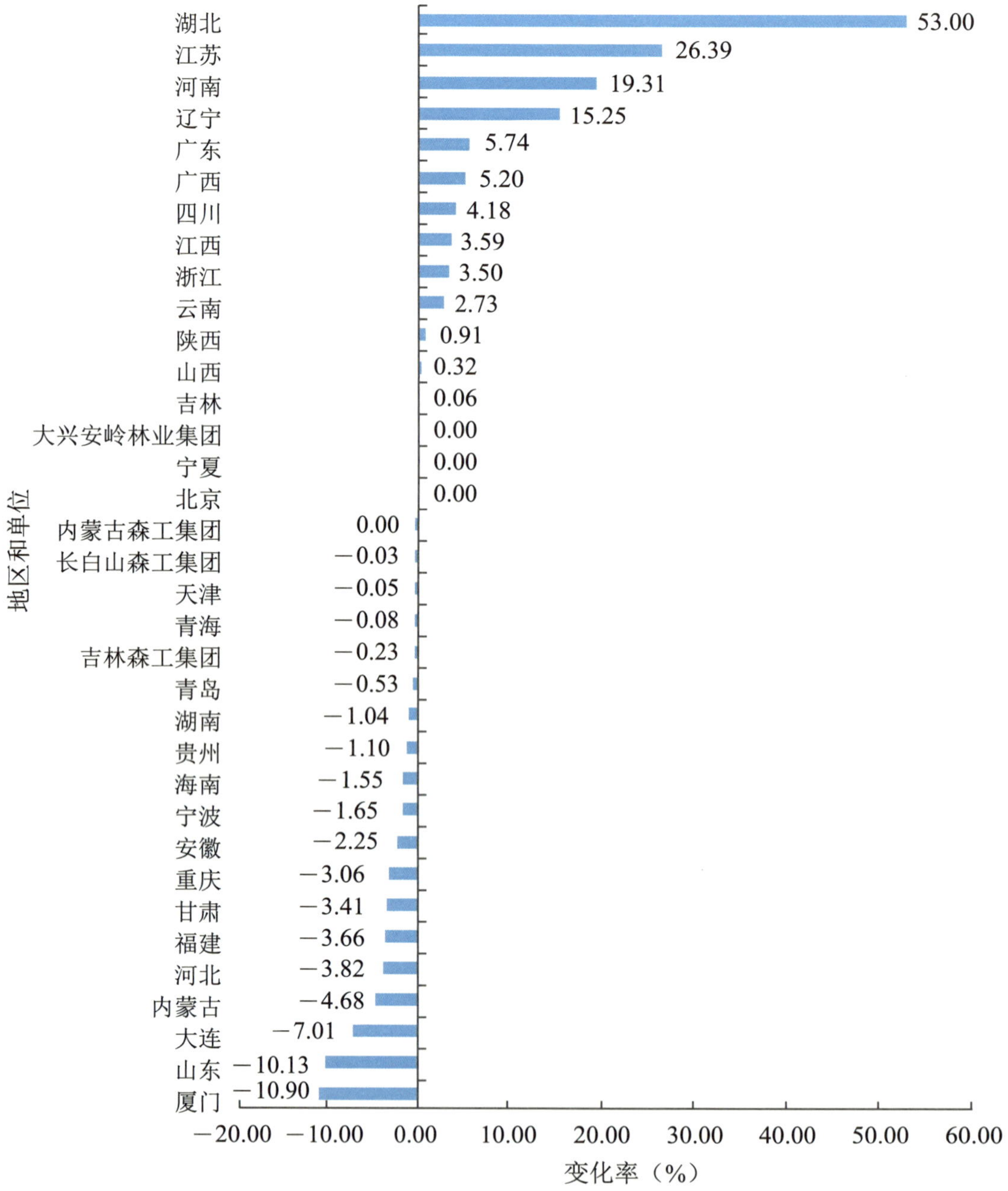

图 2-20　2023 年各地区和单位森林保险总保额变化率

注：2023年黑龙江森林保险保额从331.02万元增加到492328.00万元，变化幅度较大，不便显示，图中未列示。

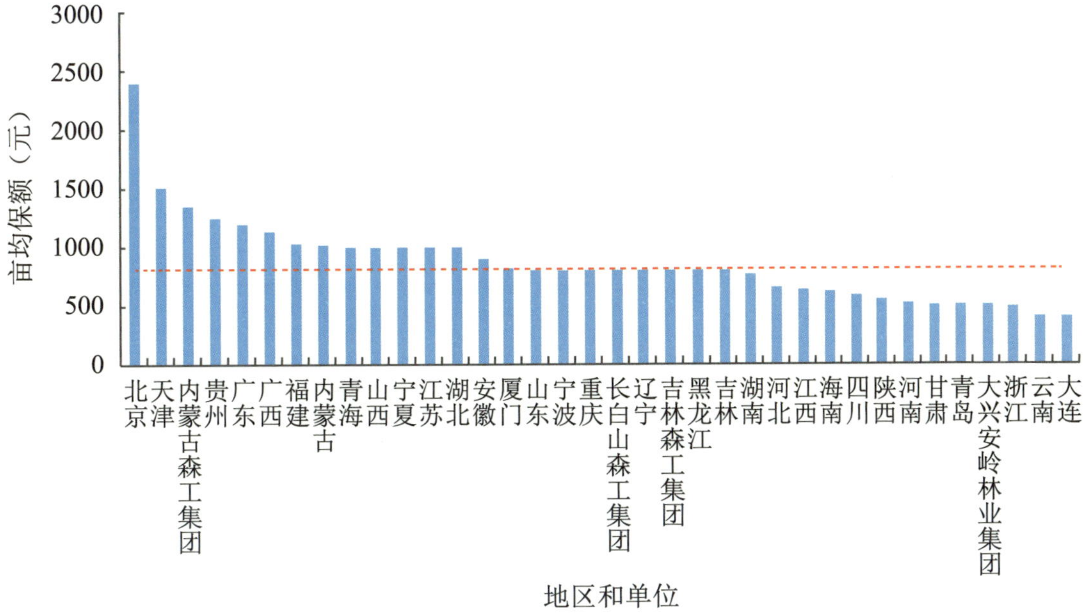

图 2-21　2023 年各地区和单位森林保险亩均保额

注：虚线表示亩均保额818.04元。

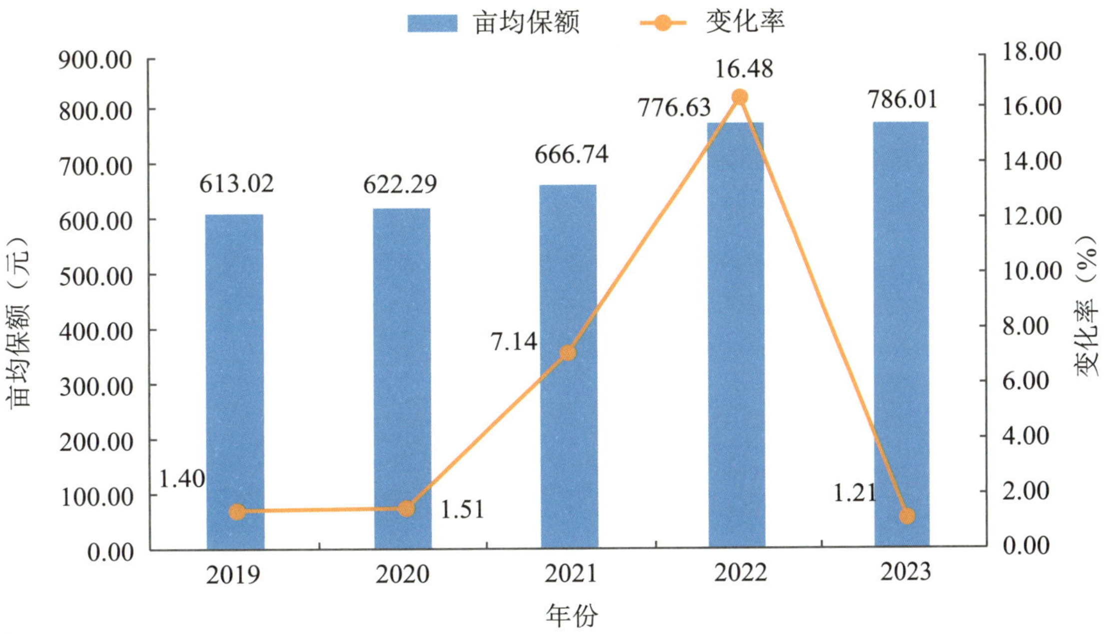

图 2-22　2019—2023 年全国公益林保险亩均保额变化情况

从各参保地区和单位的情况来看，与2022年相比，2023年共有11个地区的公益林总保险金额增加，增幅前五位的分别是黑龙江、湖北、江苏、辽宁、河南，分别增长了231511.72%、44.45%、26.39%、11.10%、4.55%；有21个地区和单位的公益林总保险金额减少，降幅前五位的分别是福建、山东、河北、大连、内蒙古，分别下降了10.04%、9.62%、9.19%、7.14%、4.65%（图2-23）。

公益林亩均保额介于400～2400元。北京、天津、内蒙古森工集团、贵州、广东、内蒙古、福

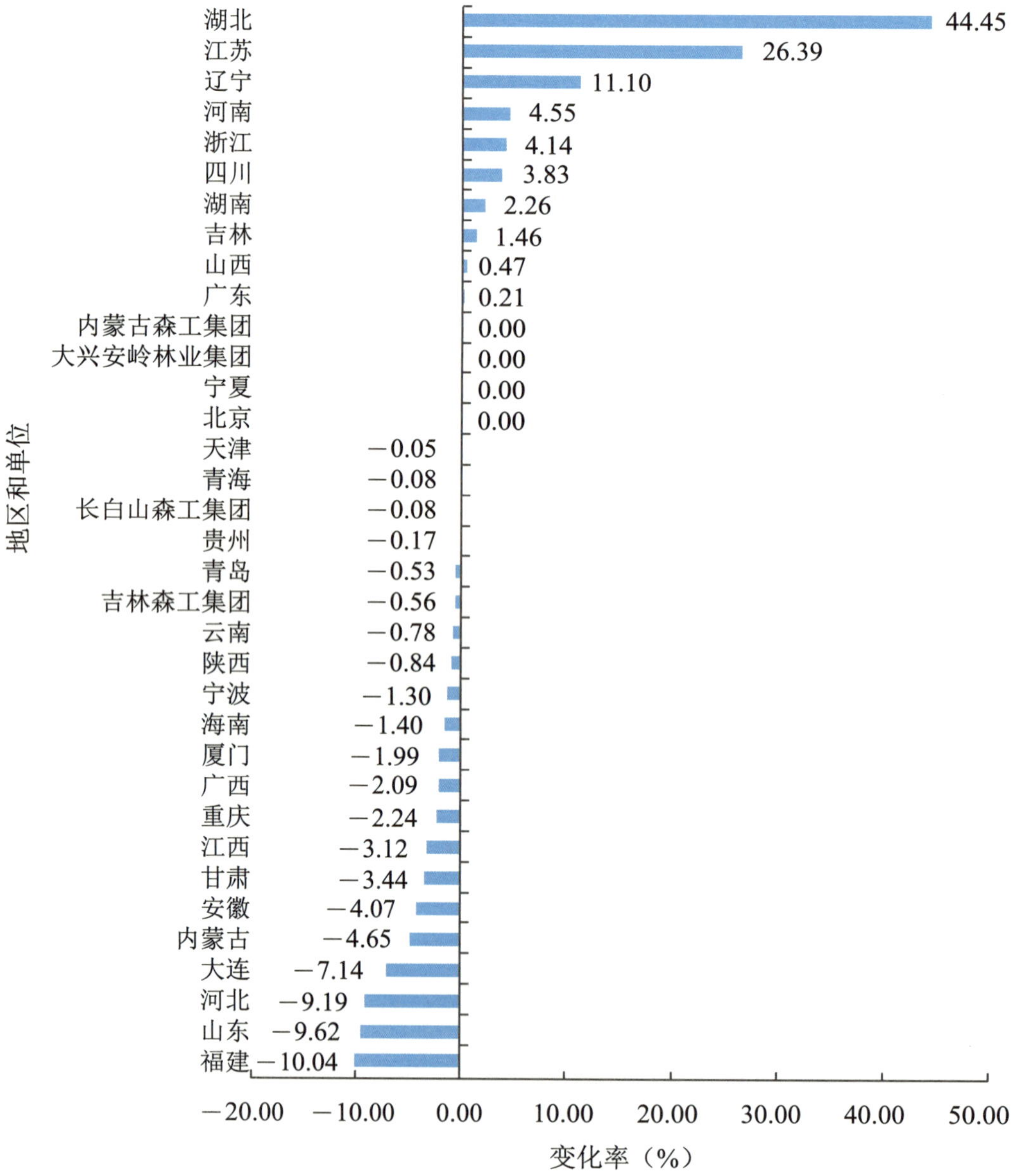

图 2-23　2023 年各地区和单位公益林保险总保额变化率

注：2023年黑龙江公益林保险金额从174.72万元增加到404672.00万元，变化幅度较大，不便显示，图中未列示。

建、山西、江苏、宁夏、湖北、广西、青海的公益林亩均保额均超过1000元。其中最高的是北京，为2400元；大连和云南的亩均保额最低，为400元（图2-24）。大约50%的地区和单位的公益林亩均保额为400～700元。

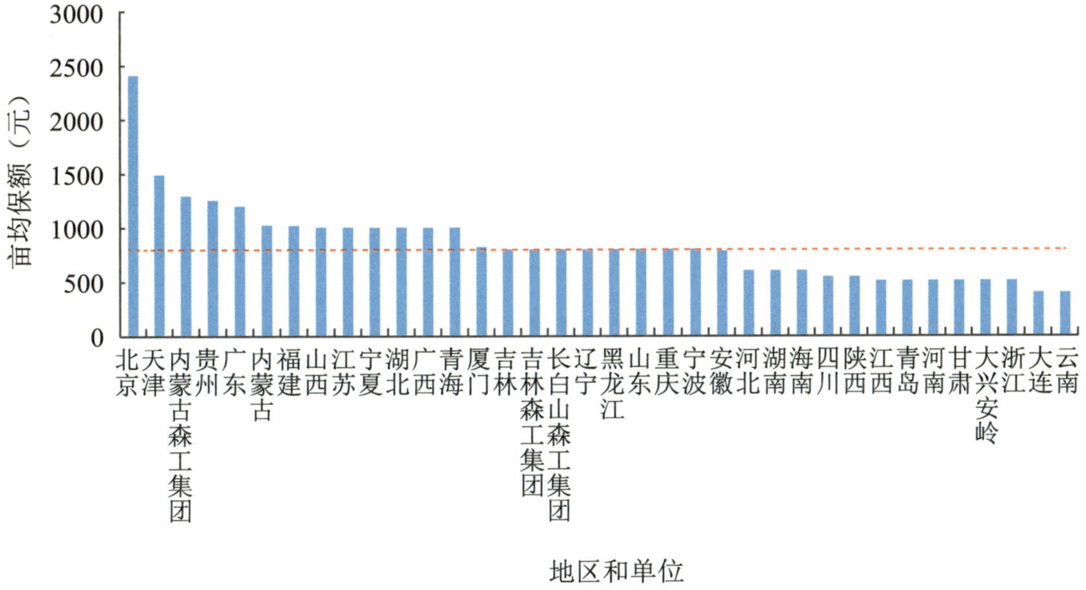

图 2-24　2023 年各地区和单位公益林亩均保额

注：虚线表示公益林亩均保额786.01元。

三、商品林保险金额持续增长，单位保额略有提升

2023年，全国商品林总保险金额为6095.43亿元，比2022年增加308.44亿元，增幅为5.33%。全国商品林亩均保额为903.70元，较2022年增加了8.52元，增幅为0.95%。

从年度变化情况来看，2023年商品林总保险金额达6095.43亿元，比2019年增加2021.71亿元，增幅为49.63%，年均增速为10.60%。2023年商品林亩均保额为903.70元，比2019年增加180.13元，增幅为24.89%，年均增速为5.71%（图2-25）。

从各参保地区和单位的情况来看，与2022年相比，2023年有15个地区和单位的商品林总保险金额增加，增幅较大的是黑龙江、河南、湖北、辽宁、陕西，分别增长55981.89%、5243.88%、147.72%、37.61%、33.95%；有12个地区的商品林总保险金额减少，降幅较大的是山东、重庆、内蒙古、山西、宁波，分别下降43.50%、15.25%、12.55%、9.60%、6.31%（图2-26）。

全国有30个参保地区和单位的商品林亩均保额分布在400～1500元，其中，内蒙古、内蒙古森工集团、青海、贵州、广西、广东、福建、海南、山西、山东、湖南、湖北、安徽的商品林亩均保额均超过1000元，比2022年新增湖南、湖北2个地区。大连和云南的亩均保额最低，均为400元（图2-27）。

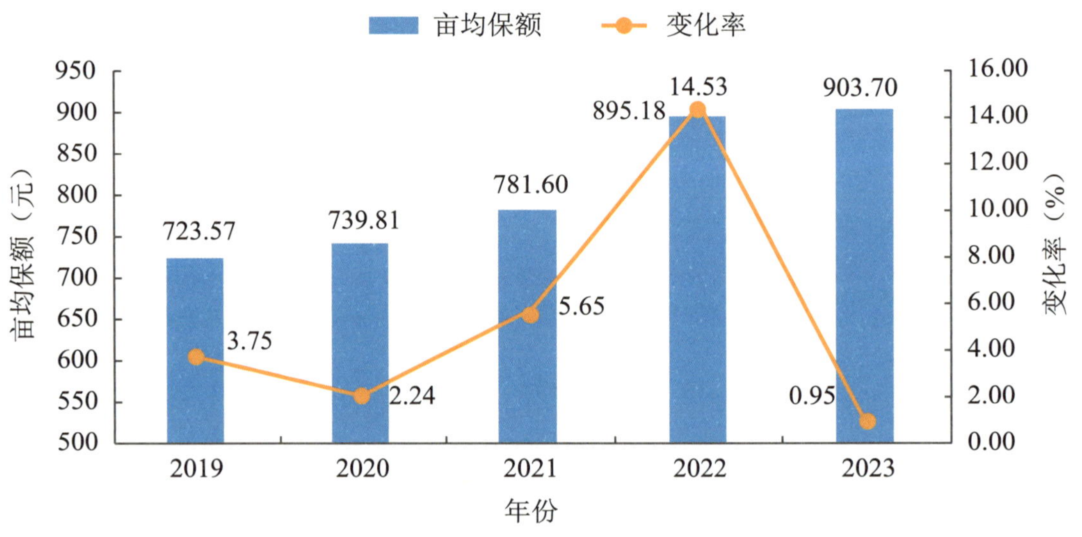

图 2-25　2019—2023 年全国商品林保险亩均保额变化情况

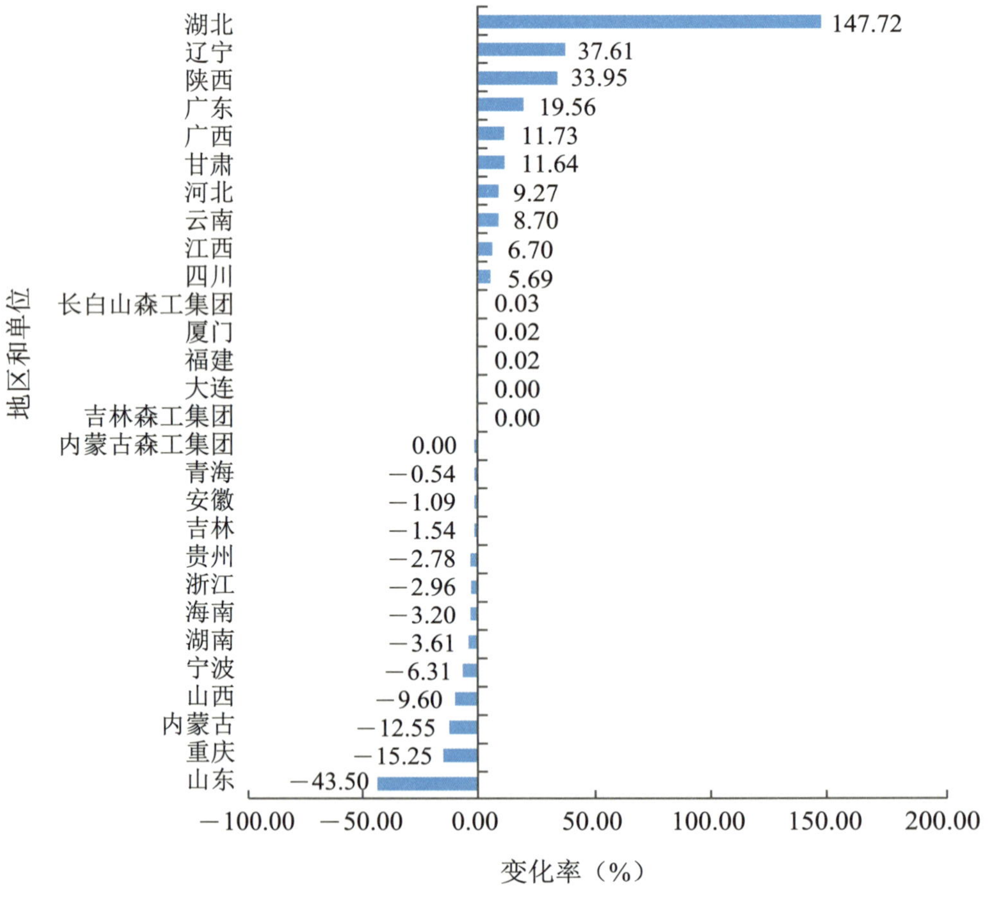

图 2-26　2023 年各地区和单位商品林保险总保额变化率

注：2023年黑龙江商品林保险保额从156.30万元增加到87656.00万元，河南省公益林保险保额由2805.76万元增加到149936.40万元，变化幅度较大，不便显示，图中均未列示。

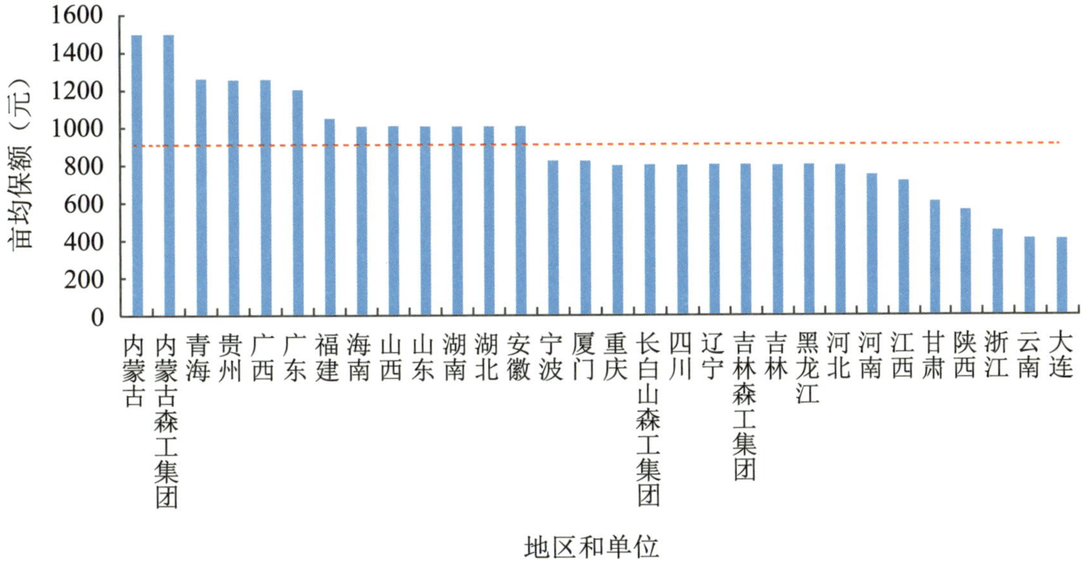

图 2-27　2023 年各地区和单位商品林亩均保额

注：虚线表示商品林亩均保额903.70元。

第五节　保险赔付

一、总体赔付水平连续提高

2023年，全国森林保险完成理赔1.28万起，理赔面积2430.25万亩，已决赔款14.43亿元，较2022年增加了3.38亿元，未决赔款3.73亿元，简单赔付率为36.91%。已决赔款和简单赔付率均较2022年有所增加，均为近5年来最高（表2-10）。

表2-10　2019—2023年全国森林保险赔付情况

年份	保费（亿元）	赔付金额（亿元）	简单赔付率（%）
2019	34.97	11.00	31.45
2020	36.41	9.59	26.35
2021	37.32	7.84	20.99
2022	38.37	11.05	28.80
2023	39.10	14.43	36.91

从年度变化情况来看，2019—2023年，森林保险赔付金额从11.00亿元增加到14.43亿元，增幅为6.25%。2023年，森林保险简单赔付率同比显著提升，主要是各地区近两年持续扩大保险责任、提高保险金额，提升了保障程度，扭转了自2017年以来赔付率持续下降的态势。各地区森林保险赔付率普遍增长，北京、河北、山西、黑龙江、浙江、宁波、厦门、江西、河南、广西、贵州、云南等地区赔付率比2022年翻了一番。据应急管理部发布的全国自然灾害基本情况，2023年，我国自然灾害时空分布不均，“北重南轻”格局明显。华北、东北遭受严重暴雨洪涝灾害，华北和东北部分地区发生旱涝急转；区域性和阶段性干旱明显，西南地区出现冬春连旱；台风生成及登陆个数偏少，台风“杜苏芮”影响重大；中东部地区高温天气过程出现时间早、影响范围广、极端性强，华北和黄淮地区出现自1961年以来最强高温天气过程；冷空气过程偏多，年初、秋末和12月寒潮频繁；强对流天气过程偏少，但局地致灾重；北方沙尘天气多，出现早，影响偏重。

从赔付金额结构上来看，2023年，公益林保险赔付金额占森林保险总赔付金额的比例为54.27%，与2022年相比下降了2.24个百分点；商品林保险赔付金额在森林保险总赔付金额中的比例为45.72%，比2022年提高了2.23个百分点（图2-28）。

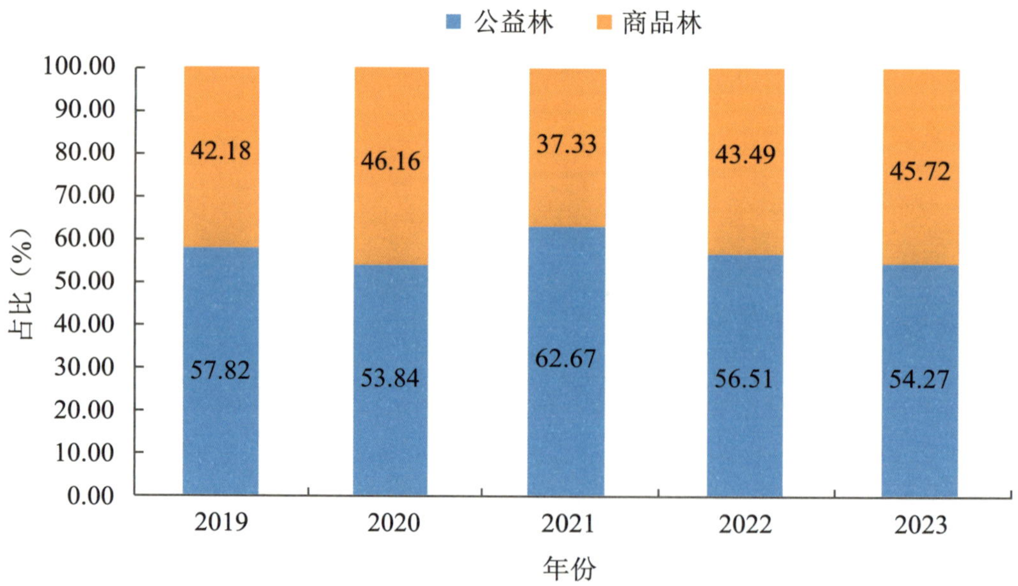

图 2-28　2019—2023 年全国森林保险赔付金额结构及其变化情况

二、公益林和商品林赔付率差距扩大

2023年，公益林完成理赔4662起，理赔面积2055.34万亩，已决赔款7.83亿元，简单赔付率为31.02%，较2022年增加了6.42个百分点。商品林完成理赔8138起，理赔面积374.91万亩，已决赔款6.60亿元，简单赔付率为47.68%，较2022年上升了10.66个百分点。2022年公益林和商品林的赔付率有较大幅度提升，2023年延续了此趋势，公益林和商品林赔付率再次大幅度提高。商品林赔付率依然高于公益林，两者差距呈扩大趋势，从2021年的5.35个百分点扩大到2023年的16.66个百分点（图2-29）。

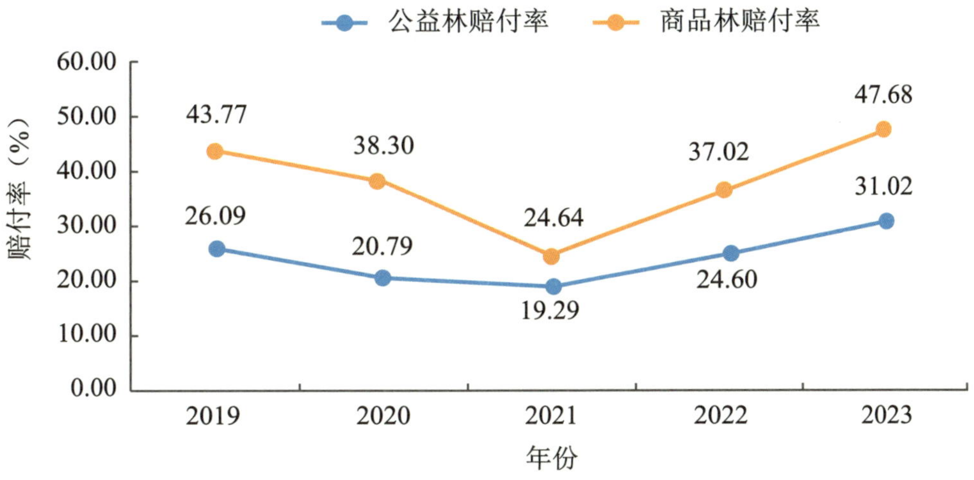

图 2-29　2019—2023 年全国公益林和商品林赔付率变化情况

三、赔付情况地域差异明显

从各地区和单位的情况来看，2023年，全国36个参保地区和单位中，有10个地区的赔付率高于全国平均赔付率（32.91%）。赔付率最高的是北京，为332.96%；其次是福建、山西和江西，均超过50%；其他大部分地区和单位森林保险赔付率低于全国平均水平（图2-30）。

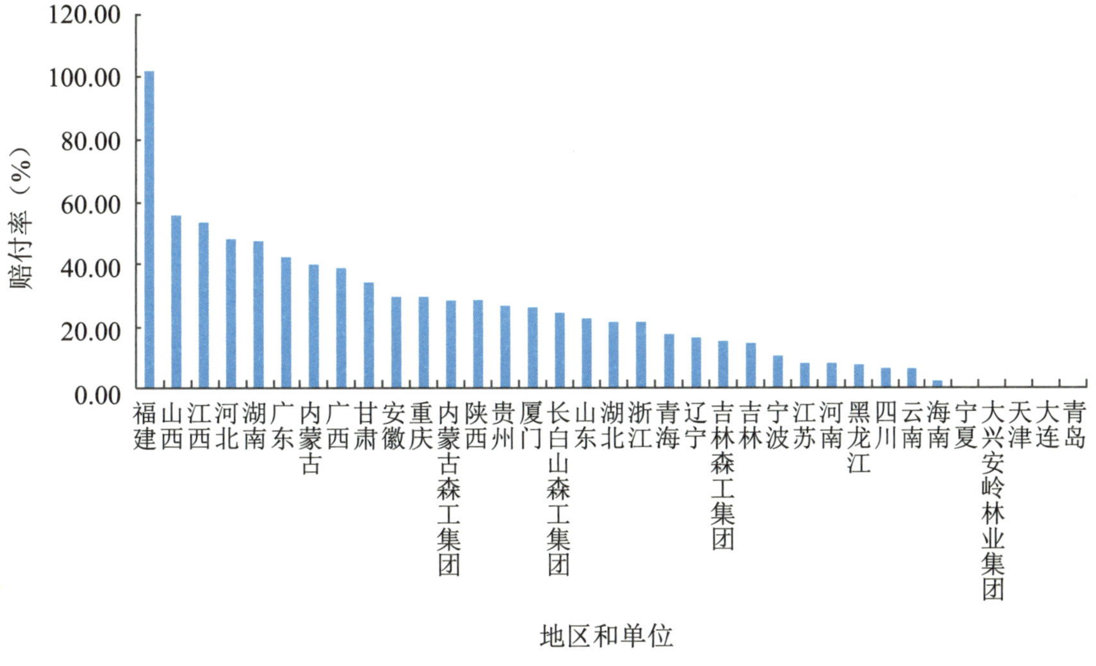

图 2-30　2023 年各地区和单位森林保险简单赔付率

注：北京森林保险赔付率为332.96%，幅度较大，图中未列示。

从同比变化情况看，多个地区和单位的赔付金额比2022年有较大提高。其中北京增幅最大，已决赔款增加了8320万元，增幅为881.26%，主要原因是受2023年7月特大暴雨洪涝灾害的影响，全市森林资源受损严重，此项赔付额达到8403.95万元；还有如广西、河北等地区，由于出现罕见的旱灾和森林火灾，森林受损严重，赔付金额也有了大幅增加（表2-11）。

表2-11　2023年各地区和单位森林保险赔付情况

赔付率分组	总体	公益林	商品林
≥100%	北京、福建	北京、福建	青海、福建、山东
50%～＜100%	山西、江西	山西	河北、江西、广西、广东
40%～＜50%	河北、内蒙古、湖南、广东	河北、内蒙古、湖南、内蒙古森工集团	浙江、厦门、湖南
20%～＜40%	浙江、安徽、厦门、山东、湖北、广西、重庆、贵州、陕西、甘肃、内蒙古森工集团、长白山森工集团	安徽、江西、山东、重庆、贵州、陕西、甘肃、长白山森工集团	山西、湖北、重庆、贵州、甘肃
0～＜20%	吉林、河南、辽宁、黑龙江、江苏、宁波、海南、四川、云南、青海、吉林森工集团	吉林、厦门、湖北、河南、辽宁、黑龙江、江苏、浙江、宁波、广东、广西、海南、四川、云南、青海、吉林森工集团	吉林、长白山森工集团、辽宁、黑龙江、宁波、海南、四川、云南、陕西、内蒙古森工集团、吉林森工集团、长白山森工集团
0	天津、大连、青岛、宁夏、大兴安岭林业集团、上海	天津、大连、青岛、宁夏、大兴安岭林业集团、上海	内蒙古、大连、河南

就公益林保险而言，除北京受2023年7月特大暴雨洪涝灾害影响赔付率高达332.96%以外，大部分地区和单位公益林简单赔付率介于0～104%。全国36个参保地区和单位中，有26个地区和单位公益林简单赔付率低于全国平均水平，其中12个地区低于10%，5个地区未发生赔付，大连已连续6年零赔付（图2-31）。

就商品林保险而言，2023年商品林简单赔付率介于0～145%（图2-32）。全国30个参保地区和单位中，有22个地区和单位商品林简单赔付率低于全国平均水平，内蒙古、河南、大连全年没有产生赔付，山东（144.91%）、青海（115.08%）、福建（101.68%）商品林简单赔付率均超过100%。

从近5年赔付变化情况看，各地区和单位分化较为明显。部分地区赔付率长期处于较低水平，如云南近5年简单赔付率最高只有10.98%，2023年只有6.51%；吉林简单赔付率平均为6%左右；大连已经连续6年没有产生赔付；山西、浙江、重庆、广东、贵州等地区赔付率上下波动较大，主要是受到自然灾害发生频率的影响，但2023年均有不同程度的提高。另外，有些地区赔付率能够保

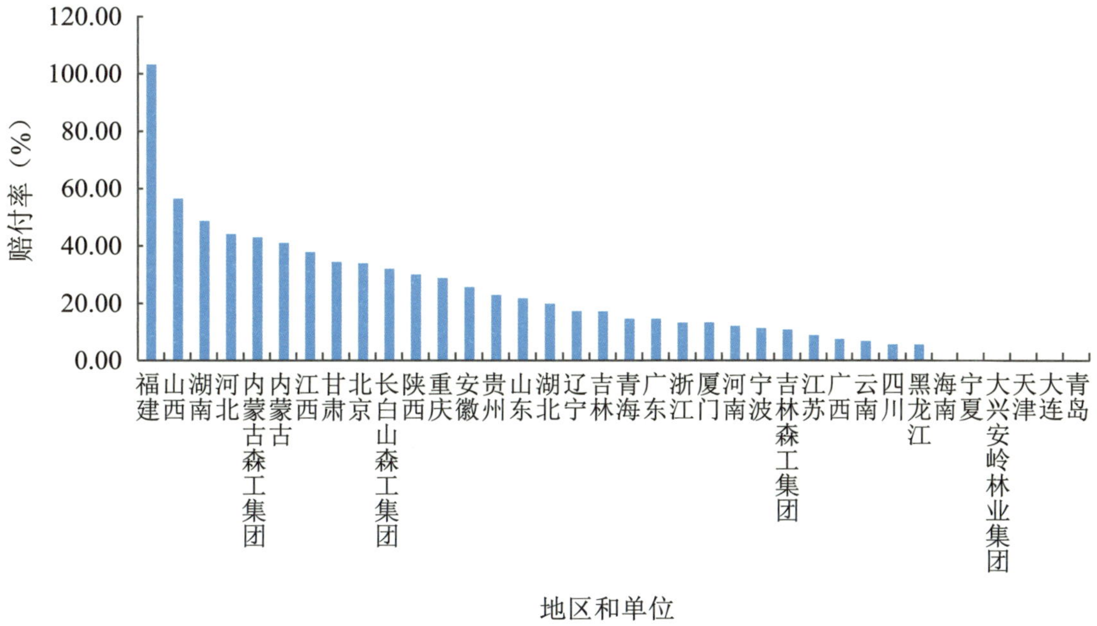

图 2-31　2023 年各地区和单位公益林保险简单赔付率

注：北京公益林保险赔付率为332.96%，幅度较大，图中未列示。

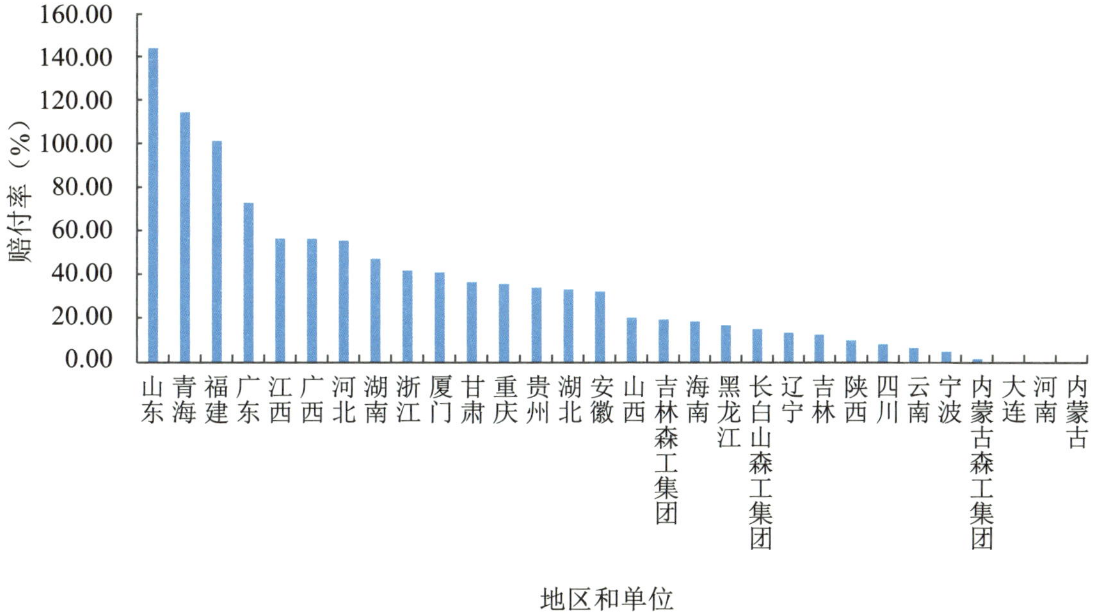

图 2-32　2023 年各地区和单位商品林保险简单赔付率

持较高水平，如福建近年来简单赔付率始终在70%以上，2023年更是达到了103.19%，这是因为2022年全省大范围开展了松材线虫病疫木清理工作，赔付增多。江西、湖南的简单赔付率平均在50%左右。

第六节　再保险

截至2023年年底，中国农业再保险股份有限公司（以下简称中国农再）与全国35家农业保险承保机构签署《政策性农业保险再保险标准协议》，为我国森林保险提供稳定、持续的约定分保保障。根据协议，中国农再承担全国森林保险全部损失的20%，以及分公司种植险、森林险自留业务赔付率150%～200%的大灾超赔损失。

2023年，森林再保险保费收入9.97亿元，为林业生产提供风险保障约4327.79亿元，两者均略有提升。森林保险再保险赔偿金额5.54亿元，赔付率达55.57%，有效降低森林保险经营机构的赔付压力，增强了我国森林保险保障能力和韧性（表2-12）。

表2-12　2019—2023年我国森林保险再保险发展情况

单位：亿元

年份	再保险保费规模	保障金额	赔付金额
2019	7.54	3278.16	2.85
2020	8.33	3533.36	2.01
2021	8.96	3588.77	1.31
2022	9.62	4240.33	3.86
2023	9.97	4327.79	5.54

注：赔款金额仅为截至2023年12月31日再保险业务中已决赔款和已报未决赔款金额，通常来讲，由于保障责任尚未结束，赔款后续还会增加。

发展再保险有效推动森林保险产品创新实践。2023年8月，全国首单“林业碳汇保险+”服务项目在福建龙岩试点落地，为龙岩市新罗区国有林场及九龙江源国有林场碳排放权交易价值提供891万元碳汇损失风险保障，森林保险再保险充分发挥保障作用，提供了风险分散保障。该服务项目是生态碳汇保险领域的又一创新探索，着眼于交易性碳汇项目资源，目的是保障碳排放权交易价值与生态环保价值，是森林保险再保险巩固和提升生态系统碳汇能力、助力实现“双碳”目标的一项重要举措。

第七节 防灾减损

2023年，全国有24个参保地区和单位对森林保险防灾减损投入情况做了单独统计，承保公司全年投入防灾减损费用2.15亿元，约占总保费的5.5%，与2022年相比，占比下降0.68个百分点。其中，大兴安岭林业集团森林保险投入防灾减损费用最多，为5536.46万元，占当年总保费的44.01%。其余地区均在20%以下（表2-13）。从总体看，赔付率较低的地区，承保公司会投入更多的防灾减损资金，支持林业部门保护森林资源。防灾减损资金投入主要用于森林灾害防治工具、森防药品和设备、防火设备等购置，防火道路和瞭望塔等基础设施建设，以及防火宣传、信息化支撑、以防代赔等项目实施。

表2-13　2023年部分地区和单位森林保险防灾减损投入情况

地区和单位	防灾减损投入（万元）	防灾减损投入占总保费的比例（%）	简单赔付率（%）
天　津	8.06	15.00	0.00
河　北	168.63	2.01	48.21
山　西	965.63	8.65	55.78
内蒙古	441.27	1.30	40.53
辽　宁	232.28	2.72	16.77
吉　林	1141.37	14.07	6.85
安　徽	603.20	5.97	30.03
福　建	104.69	0.62	102.21
江　西	2.03	0.01	53.58
河　南	54.00	3.63	8.46
湖　北	357.03	3.96	22.01
湖　南	61.65	0.33	47.92
广　东	1748.07	4.43	42.73
广　西	1340.22	4.57	39.37
重　庆	382.40	8.23	29.80

（续表）

地区和单位	防灾减损投入（万元）	防灾减损投入占总保费的比例（%）	简单赔付率（%）
四　川	559.34	4.11	6.57
云　南	1296.87	10.65	6.51
陕　西	307.87	2.48	28.48
甘　肃	252.42	3.13	34.80
青　海	68.11	0.97	17.55
大兴安岭林业集团	5536.46	44.01	0.00
内蒙古森工集团	4406.00	16.03	28.97
吉林森工集团	562.17	15.00	15.65
长白山森工集团	938.45	14.56	24.74

另外，2021年年底，财政部修订了《中央财政农业保险保费补贴管理办法》，要求农业保险承保机构综合费用率不高于20%，补贴险种的保险责任涵盖当地主要的自然灾害、重大病虫鼠害、动物疾病疫病、意外事故、野生动物毁损等风险，有条件的地方可稳步探索将产量、气象等变动作为保险责任，这在一定程度上拓宽了防灾减损的覆盖面。

第三章

林草特色保险

2023年是我国深化集体林权制度改革的重要一年，中共中央办公厅、国务院办公厅印发《深化集体林权制度改革方案》，为我国林业改革发展提供了基本遵循和行动指南。《方案》指出，“支持保险机构创新开发各类林业保险产品，鼓励地方政府将林业保险产品纳入地方优势特色农产品保险奖补政策范围。鼓励各地完善承保机构市场竞争机制，提升服务质效。”森林保险行业积极响应，探索并推出了一系列具有创新特色的保险产品。在生态文明建设和乡村振兴战略的双重驱动下，草原保险、地方优势林产品保险、林业碳汇保险、古树名木保险、野生动物致害保险、湿地保险等多个领域取得进展，为林草资源的可持续发展和林草产业现代化转型提供支持，为森林保险高质量发展注入了新的活力。

第一节　野生动物致害保险

我国野生动物肇事公众责任保险最早于2010年在云南省启动试点工作。截至2023年10月1日，我国北京、重庆、青海、西藏和云南全域覆盖野生动物肇事公共责任险，安徽、福建、广东、甘肃、河南、湖北、湖南、吉林、江苏、江西、山东、山西、陕西、四川和浙江15个省份的部分地区开展野生动物肇事公共责任险，其余地区仍采用财政补偿的方式弥补野生动物肇事损失。

一、典型省份野生动物致害保险试点情况

（一）山西省

2023年，山西省按照“试点先行、逐步推开”的工作思路，在野生动物致害保险方面有以下创新与提升。第一，山西省在8个县（市、区）开展野生动物致害补偿保险试点工作的基础上，新增省级奖补资金182万元，将五寨、平陆、大宁、平顺、襄垣、原平、长子、五台山风景名胜区等8个地区纳入试点范围。第二，承办野生动物致害补偿保险公司在中煤财险基础上增加了国寿财险、人保财险、太平洋产险、平安财险，并且开发了4种保险产品。第三，在玉米播种出苗期、生长期、成熟期等不同时期，深入8个试点地区及重点受灾乡村，了解并记录野生动物致害情况，对保险公司服务满意度进行了调研，同时收集群众关于完善保险方案和开展防灾减损工作等的反馈意见，为野生动物致害保险试点的有效开展提供了扎实的数据支持与分析基础。第四，山西省野生动物致害保险整体赔付金额有较大提升，全省野生动物致害补偿保险试点地区累计接报案数量为1334件，较2022年同比增长34%；保险公司赔付金额791万元，较2022年同比增长约69.7%。

（二）辽宁省

辽宁省积极推进野生动物致害保险工作，组织各市学习国家林业和草原局印发的《野生动物致害保险典型案例》，借鉴典型经验，结合实际开展野生动物致害保险工作。2023年，辽宁省本溪桓仁县、锦州义县、沈阳沈北新区等地开展了野生动物致害保险工作。

本溪市林草局先后与人保财险、太平洋产险本溪中心支公司签订《关于开展野生动物致害保险工作意向协议书》，研究具体赔偿条款，协同推进野生动物致害保险工作，资金来源拟为市财政拨付。本溪市桓仁县林草局制定了《野生动物致害保险工作实施方案》。与人保财险本溪市分公司开展合作，最终拟定《野生动物致害保险项目合作协议》，资金来源拟为县财政拨付，由于资金等原因未正式签订保险赔偿协议。

锦州市义县林草局同人保财险签订野生动物致害政府救助责任保险，受益群众为义县聚粮屯镇八家子村村民，共903人，保障时间为2023年10月28日至2024年10月27日，保费由聚粮屯镇政府财政支出，共产生保费4620元，保险金额1000万元。截至2023年年底，未出现野生动物致害理赔情况。

沈阳市加强与人保财险、太平洋产险等保险公司对接协商，计划构建“政府投保、公司理赔、群众获益”的保险机制，实现野生动物致害由政府补偿向商业赔付的转变，形成《沈阳市野生动物肇事责任险保险方案》并积极争取财政预算资金。2023年，沈北新区沈阳泰格野生动植物旅游开发有限公司自筹资金向平安养老保险股份有限公司辽宁分公司投保15715元，同年，该公司2名员工被幼虎抓伤，平安保险公司对2人分别赔付了524.18元。

（三）福建省

2023年，福建省林业局会同福建省财政厅、国家金融监督管理总局福建监管局联合印发新一轮森林综合保险遴选方案，继续将野生动物灾害列入森林综合保险责任范围。在政策性保险基础上，各地积极开发野生动物致害商业性保险产品，一些地方开展了商业性野猪侵害农作物种植保险产品，以野猪侵害造成保险农作物损失为责任，标的涵盖所有农作物，单位保额150～1000元/亩，单位保费1.8～12元/亩。建瓯市开展了野生动物致害保险，2023年为房道镇3.65万亩经济林及林下经济作物（锥栗、毛竹、竹笋、柑橘、柿子等）提供保险保障3722.64万元，支付赔款4.27万元，及时弥补了林农的经济损失。2023年，福建省野生动物致害农作物理赔181起，共赔付72.87万元，政策性险种中，水稻种植理赔135起、赔付50.99万元，水稻制种理赔3起、赔付0.85万元，烟叶、玉米等其他作物理赔43起、赔付21.03万元。

（四）江西省

2023年，江西省在野生动物致害保险领域取得了显著进展，推出了7种相关保险产品，比2022年新增了4种，包括野生动物致害政府救助责任保险、野生动物肇事补偿责任保险、野生动物公众责任保险、公共安全救助责任保险和平安公众责任险等。这些新产品的推出使保险覆盖范围进一步扩大，保障力度进一步加强。

全省共有7家承保机构开展野生动物致害保险业务，比上年新增了2家，覆盖范围涉及10个设区市和44个县（市、区），新增了上饶市、吉安市、宜春市等3个设区市及26个县（市、区），实现了更广泛的参保覆盖面。野生动物致害保险的总保费达761.45万元，其中中央财政补贴保费465.80万元，占61.17%，市、县财政补贴保费295.63万元，占38.83%，多层次的补贴政策大大降低了参保门槛。

在理赔方面，2023年全省共受理理赔案件1303起，较上年增加39起，理赔金额共计313.49万元，比上年增加45.66万元，未发生人身伤亡案件。野生动物致害保险的广泛推广，不仅为野生动物致害损失提供了有效补偿，也在一定程度上促进了人类与野生动物的和谐共生。

（五）湖南省

2023年，湖南省林业局印发了《关于开展省级野生动物致害补偿保险试点工作的通知》，进一步扩大试点范围，筹措资金380万元，通过两批次下达25个县（市、区）开展省级野生动物致害补偿保险试点。从2022年至今，全省41个县（市、区）通过购买商业保险或者直补的方式补偿群众损失，共受理补偿野生动物致害事件7435起，补偿款达935.72万元。

截至2023年，湖南省共有13个市（州）先后开展了野生动物致害保险工作，总保额45440万元，总保费1127.7万元，平均费率为2.5%。其中中央财政补贴382.60万元，市县财政共补贴744.59万元，个体承担0.51万元。全年理赔案件共3529件，其中人身伤害理赔1933件、人身伤亡理赔4件、农作物理赔1506件、牲畜理赔21件、其他理赔65件。全年理赔总金额691.32万元，其中人身伤害理赔346.07万元、人身伤亡理赔75.50万元、农作物理赔238.60万元、牲畜理赔10.20万元、其他理赔20.95万元。

全省范围内，各地积极开展野生动物致害保险。比如，张家界市武陵源区已将野生动物致害保险保费纳入2024年政府财政预算。郴州市苏仙区了解到部分受伤受害人员未报案后主动作为，开展了一次野生动物肇事伤人住院情况全面排查工作，共排查到蛇类肇事咬伤咬死人员未报案事件10起（伤9亡1），与承保公司积极对接协商补赔理赔金额共计20.5万元。邵阳市组织隆回县林业局、各乡镇（街道）农业综合服务中心、国有林场主要负责人召开了全县野生动物致害责任保险培训会议。永州市宁远县出台了《宁远县野生动物致害试点补偿方案》，对野生动物致害补偿范围、理赔物种、理赔程序、理赔标准、保障措施进一步明确和细化。湘西土家族苗族自治州于2023年出台了《湘西州2023年野生动物致害政府救助责任保险方案》，采取5家保险公司联合共保的服务模式承保。保费根据全州常住人口确定为280万元，按1元/人年标准测算，保费资金来源于财政配套，列入当年财政预算，由州、县财政各承担50%。

（六）四川省

四川是野生动物资源大省。2023年，野生动物致害导致人员伤亡36人、农作物受损11.5万余亩、家畜家禽受损1.4万余头（只），折合经济损失上亿元。

四川省野生动物致害保险实施区域主要有自贡市、攀枝花市、德阳市、绵阳市、广元市、乐山市、宜宾市、达州市、巴中市、雅安市、眉山市、阿坝藏族羌族自治州和甘孜藏族自治州13个市（州）的70个县。2023年，野生动物致害保险全省总保费1573万元，总保额29607万元，保险公司总赔付额381.85万元，理赔案件总数为11215件。其中，致人伤亡理赔案件2例，赔付金额2万元；致农作物受损理赔案件11213例，赔付金额379.85万元。例如，大熊猫国家公园眉山管理分局联合保险公司，共梳理受理眉山片区野生动物肇事案件119件，赔付金额20.847万元。自2021年8月投保野生动物肇事致害政府救助责任保险以来，大熊猫国家公园眉山片区已累计赔付335起、44.347万元，受到国家公园周边群众的高度认可。

四川已将野生动物对林木造成的损失纳入政策性森林保险责任范围，全省共13个市（州）的70个县开展了野生动物肇事保险，2023年野生动物致害保险全省总保费1573万元，总保额29607万元。

（七）云南省

2023年，云南省制定了《云南省陆生野生动物致害补偿办法》，针对野猪移出“三有”动物名录的情况，指导各市（州）调整保险方案，将野猪等非重点保护的致害野生动物纳入补偿范围，确保补偿工作不断档。

在保险责任方面，云南省野生动物致害险覆盖全省16个州（市），其保险责任明确涵盖了因野生动物损害所导致的第三者人身伤害及财产经济损失的双重保障内容。同时，云南省野生动物伤害事故致人死亡赔偿限额统一为60万元/人。西双版纳傣族自治州、普洱市的主要农作物补偿标准接近市场价水平，其他州（市）的房屋及附属设施、牲畜伤亡、农作物补偿标准得到稳步提高。

在承保机构选择方面，2023年，云南省各州（市）采用招标等方式公开选择承保公司，最后由太平洋产险、人保财险、平安财险、诚泰财险、国寿财险和大地财险等6家保险公司参与承保。

此外，云南省林业和草原局与太平洋产险合作打造“爱象随”野生动物公众责任保险，研发全流程线上理赔智能处理平台，利用科技助力，显著提高理赔时效，实现了从一年一赔到一小时赔付质的飞跃，使野生动物公众责任保险服务更加快速、高效、便捷。

2023年，云南野生动物公众责任保险保费总额9255万元，较2022年的8598万元提高了7.6个百分点，其中，中央资金1950万元，占比21%；省级财政6750万元，占比73%；州、市、县、区自筹555万元，占比6%。总保险赔偿金额超过35680万元。云南为监督野生动物致害险工作的推进过程，还将野生动物公众责任保险工作纳入2023年度省级林长制目标责任制考核内容，以进一步压实各州（市）责任。截至2023年年底，已核定理赔案件58239件，理赔金额7464万元，赔付率达到81%，受益农户达到5.78万户。

二、其他省份野生动物致害保险实施情况

2023年，广东省根据《国家林业和草原局办公室、财政部办公厅、中国银保监会办公厅关于在防控野猪危害综合试点省区开展野生动物致害保险工作的通知》的要求，结合实际情况，省林业局、省财政厅和广东银保监局三部门联合印发了《广东省陆生野生动物致害补偿保险试点实施方案》。截至2023年年底，全省有14个地级市推动落实野生动物肇事责任保险，比2022年增加4个地

级市，总保额4668.22万元，总保费201.43万元。共发生赔付11宗，理赔金额20.94万元，其中已决赔款17.27万元、未决赔款3.67万元。

2023年，江苏省野生动物致害险保额4560.00万元，保费合计170.15万元，由市县财政全额承担。全年理赔261次，已决赔款74.83万元。

2023年，中航安盟在陕西省的城固、略阳、周至、长安、鄠邑、蓝田、吴起7县（区）实施野生动物致害险试点工作，费率2%～4%，保额300万～1000万元，对遭受野生动物伤害导致人身伤亡或财产损失且无法找到责任人或责任人无力赔偿的，对受损方给予一次性伤亡救助金、医疗费用补偿金、财产损失补偿金，保费115.5万元，提供风险保障3610万元，累计支付赔款61.51万元，受益农户1470户。

2023年，河北省扩展了野生动物险试点范围。在2022年的围场、涞源两个县基础上又增加了井陉县、枣强县和黄骅市，保险业务主要由人保财险、太平洋产险和燕赵财险负责。

第二节　林业碳汇保险

2023年，全国各地积极响应“碳达峰、碳中和”战略，探索发展“碳汇+保险”模式，试点推广了碳汇价值保险、碳汇指数保险、森林碳汇遥感指数保险、湿地碳汇遥感指数综合保险和林木碳汇损失保险等多个创新险种，为林业碳汇项目风险管理和碳市场稳定发展提供助力。

一、林业碳汇价值保险

林业碳汇价值保险是一种基于森林碳储备市场价值的保险产品。当森林的碳吸收能力因自然灾害、气候变化等因素受到影响时，保险公司将根据事先约定的碳市场价格进行赔偿，保障项目方的经济利益不受损失。该保险主要应对碳市场价格波动所带来的风险，帮助林业碳汇项目在面临外部不确定性时维持经济利益稳定。

河北省首单商业性林业碳汇价值保险落地张家口市沽源县，为3万亩林场提供约170万元的风险保障。该产品参考目前较为成熟的林木固碳能力测定方法及《森林经营碳汇项目方法学》《竹林经营碳汇项目方法学》《竹子造林碳汇项目方法学》和《碳汇造林项目方法学》，科学测定主要林木种类的碳汇产量，以此为基础，结合全国碳排放权交易价格，提出不同树种的固碳量价值。承德市丰宁满族自治县开展了碳汇遥感指数保险，为河北省绿色低碳发展贡献保险力量。

海南省探索“政府+村集体+农户+保险+银行”五位一体的碳汇价值综合金融服务模式，开发碳汇价值综合保险产品，打造碳汇服务金融化。省内首单地方财政补贴型林业碳汇价值保险落地临高县，为5174亩碳汇红树林上了保险。临高县林业碳汇惠农综合服务项目预计20年内可固碳约2.5

万吨二氧化碳，交易价值预计可超过250万元，惠及临高县博厚镇、新盈镇和调楼镇15个村集体和农户；截至2023年12月，已交易碳汇量5100多吨，交易额51万余元。由于碳汇交易计入期达20年，而未来收益由于灾害风险等具有不确定性，该保险产品以碳汇红树林为保险标的，以红树林碳汇富余价值作为补偿依据，当碳汇红树林遭受自然灾害或病虫害导致损毁时，可以保证农户的碳汇收入。同时，此保险模式还创新引入可交易碳汇年限模式与区域性林业碳汇交易平台交易相融通，促进未来年度碳交易、碳消费，助推当地林业碳汇产业创收。

江苏省林业碳汇价值保险投保面积5.26万亩，保额325.99万元，保费合计9.87万元，其中市县财政补贴0.16万元，林权所有者承担9.71万元。2023年，连云港市在原有商业性碳汇保险的基础上，创新开发了江苏首笔地方财政补贴的林业碳汇价值保险，保费由地方政府全额补贴，丰富了当地政策性保险种类。

黑龙江省积极探索“碳汇+保险”服务低碳经济创新模式，推动林业碳汇保险在辖区内落地。截至2023年，碳汇价值保险参保面积40.70万亩，总保额1.67亿元，总保费83.09万元，投保面积、保额、保费在全省特色林草保险业务中的占比分别为52%、13%、21%。

二、林业碳汇指数保险

林业碳汇指数保险是一种基于气象和环境数据的创新保险产品，用于为林业碳汇项目提供风险保障。该保险通过设定一个综合的“碳汇指数”，该指数结合降水量、温度、光照等因素衡量森林的碳吸收能力，当碳汇指数因气候变化或自然灾害等因素发生异常波动且低于预设的触发值时，保险公司将根据事先约定的标准进行赔偿。这种保险机制不仅能提高赔付效率，还能够帮助碳汇项目应对气候风险，促进项目的可持续发展。

福建省龙岩市创新推出“林业碳汇保险+”服务项目，为龙岩市新罗区国有林场及九龙江源国有林场碳排放权交易价值提供891万元碳汇损失风险保障，该项目以碳汇损失计量为补偿依据，将因灾造成的国有林场碳汇项目资源损失指数化，当损失达到保险合同约定的标准时，视为保险事故发生，保险公司按照约定标准进行赔偿。省内首单红树林碳汇储量指数保险落地漳州云霄，为漳江口红树林保护区90.89公顷红树林碳汇储量提供总额1567万元的风险保障，为森林资源提供“意外险+健康险”双重保护。

辽宁省积极支持各保险公司开展森林碳汇保险相关工作，为国家“碳中和”“碳达峰”战略目标贡献力量。商业性森林碳汇量遥感指数保险在鞍山、抚顺、丹东、朝阳开展试点，累计提供风险保障349.71万元；商业性森林碳汇价值保险在朝阳市签下首单，为朝阳市国有喀喇沁左翼蒙古族自治县十二德堡林场的9000余亩公益林，提供近500万元的碳汇损失风险保障。

湖北省十堰市创新推进森林碳汇遥感指数保险落地，房县杨岔山林场为2.9万亩林木资源投保，保费2.95万元，提供197万元的金融风险保障。相较于传统森林保险，森林碳汇遥感指数保险扩大了保险责任，重点保障林业所产生的生态环保价值，充分发挥保险在环境风险管理、生态保护方面的积极作用。

青海省创新推进森林、草原碳汇遥感指数保险。为持续补齐循化县林草植绿增绿短板，大地财险在循化县试点开发了森林、草原碳汇遥感指数保险，为当地森林、草原农牧户提供了335万元的保险保障，充分发挥保险在风险管理、灾后经济补偿等方面的独特优势。

第三节　特色林产品保险

2023年，在各级政府的持续支持下，地方优势特色林产品保险得到了进一步发展。油茶、核桃、竹林、花椒、八角、纸浆、大枣、茶叶、花卉苗木等特色林产品保险紧密结合市场需求和风险实际，为生产经营主体提供了风险保障，降低了自然灾害等因素带来的经济损失，推动林业特色产业持续健康发展。

一、油茶保险

油茶树是世界四大木本油料植物之一，是我国南方地区重要的经济作物。为扎实推进党中央、国务院关于油茶产业发展的决策部署，2023年1月，国家林业和草原局、国家发展和改革委员会、财政部联合印发了《加快油茶产业发展三年行动方案（2023—2025年）》，提出“鼓励油茶产区将油茶纳入地方特色农产品保险以奖代补政策范围，有条件的地方可探索完全成本保险，提升保险风险保障水平”。

2023年，江西、湖南、安徽、广西、广东、重庆、浙江等省份积极推行油茶保险，合计投保面积约1800万亩，提供风险保障约240亿元，保费总额约5.5亿元，理赔金额约3.4亿元，简单赔付率超过60%。

（一）江西省

为推动地方优势特色农产品发展，江西省结合近两年试点工作实际，组织对油茶、中药材、大棚蔬菜保险实施方案进行修订，江西省林业局等4个部门联合发布《关于印发我省油茶中药材蔬菜保险实施方案的通知》。在新的方案下，地方特色农业保险的承保机构由各设区市组织遴选，承保主体由原先的人保财险、国寿财险两家公司增加至10家。

2023年，江西省油茶保险参保面积达1162.60万亩，占全省特色农业保险总面积的九成；总保险金额151.64亿元，总保费2.69亿元。油茶保险全年理赔案件2094起，理赔面积51.54万亩，理赔金额1.20亿元，未决金额为426.83万元。

（二）湖南省

2023年，湖南省油茶保险投保面积共计413.65万亩，总保费18695.17万元，其中省财政补贴

2410.72万元、市县财政补贴3547.10万元、林农自行承担12737.35万元。全年共发生灾害1598起，理赔1563起，理赔面积118.93万亩，已决赔款16587.25万元，未决赔款118.97万元。其中，油茶收入保险的保费为2684.30万元，理赔金额达3122.23万元，赔付率高达116.31%。

在衡阳试点油茶天气指数保险的基础上，湖南省林业局拟利用产业专项资金在2024年选取部分油茶大县进行油茶保险试点，统一理赔标准，由县（市、区）同步开展保险工作。鼓励油茶种植重点县开展油茶自然灾害保险、油茶收入保险等特色保险试点，对试点效果较好的县（市、区）优先纳入省级创新试点范围。针对油茶等千亿元产业重点品种，按保费规模的10%给予承保公司补贴，大大减轻了农户自身保费负担比例。

湖南省油茶收入保险的投保对象为树龄3～20年（不含）的油茶，保险费率为5%，保额参考油茶林近3年的年均收入，约为3000元/亩。湖南省油茶天气指数保险针对树龄1～9年的油茶林，保险费率为6%，上下浮动不超过25%，保额根据树龄分别划定，树龄1～3年的保额为2000元/亩、树龄4～6年的保额为2500元/亩、树龄7～9年的保额为3000元/亩。为更加科学地管理风险，油茶天气指数保险设定了7类物候期和10个气象风险因子，气象监测数据重点关注连续低温、连续降雨、连续高温、冷害、干旱、日积温等6项指标。

（三）安徽省

安徽省积极响应国家政策，全面推进茶油产业发展。省林业局、省发展和改革委、省财政厅、省农业农村厅联合印发了《安徽省加快油茶产业发展三年行动方案（2023—2025年）》，提出“鼓

专栏1：平安财险桃源支公司及时向农户赔付油茶收入保险350万元

2023年3—6月，常德市桃源县发生多起油茶炭疽病，各村农户受到不同程度影响。平安财险桃源支公司接到通知后第一时间发布灾情预警并启动应急预案，开通绿色理赔通道，安排人员进行全面摸排，加快推进理赔工作，帮助农户恢复灾后生产需要，最大程度降低农户受灾损失。公司前后组织30人次农险团队对受灾现场进行查勘复勘工作，核实受灾面积1749.9亩，最终确定理赔金额为350万元，理赔款及时全额支付到农户手中。同时，还对历年农作物承保理赔及灾因进行分析，形成灾害发生区划图，有针对性地开展防灾减损工作和重点查勘工作。

平安财险农险专员表示，公司在政策性农业保险“保成本”的基础上，还为农户提供多种商业补充农业保险产品。此外，结合农业保险标的地域广、查勘难、风险高等特点，公司在培训、走访、预警等传统手段基础上，更加注重应用科技力量，建立了农险服务平台，引入卫星探测、无人机等技术手段，实现农业保险线上查勘、智能管控以及数字农田和种植状况卫星监测等功能。

励各地将木本油料林纳入特色农业保险和“防贫保”综合保险范围，引导保险机构开发政策性森林保险+商业性保险、产量保险、天气指数保险、果实价格保险、溯源保证保险、优质林果品质保险等，提升风险保障水平。2023年，全省油茶投保面积达64.69万亩，保险总额75230.58万元，保费总额4379.15万元，市县财政补贴3256.46万元，林业经营单位及林农承担1122.70万元，理赔574起，已决赔款3746.86万元，未决赔款67.42万元，简单赔付率为85.56%。

（四）广西壮族自治区

广西壮族自治区中央补贴险种油料作物保险包括油茶、核桃、澳洲坚果等树种。截至2023年，油茶种植保险保费收入1368.05万元，争取财政补贴资金1094.47万元，为45.6万亩油茶提供风险保障4.56亿元；油茶收入保险保费收入1057.63万元，争取财政补贴资金740.31万元，为13.57万亩油茶提供风险保障2.12亿元。

（五）广东省

广东省于2022年10月制定出台了《广东省油茶保险实施方案》，决定在韶关、河源、梅州等地区先行开展油茶保险试点，保费由各级财政补贴70%，企业或农户缴纳剩余的30%。2023年11月，广东省颁布《广东省政策性农业保险实施方案（2024—2026年）》，将油茶保险（树体、油茶鲜果）正式纳入省级财政补贴型险种，在全省范围内推广。根据油茶种植成本和预期收入的不同，划分为油茶树体和油茶鲜果两部分分别投保：油茶树体的保额为1500元/亩，保险费率为4‰；油茶鲜果的保额则依据产量划分为7个级次，最高保额可达3600元/亩，保险费率统一为5%。

2023年，全省油茶保险试点集中在韶关、河源、梅州、清远、云浮5个地市，参保面积达34.43万亩，总保费2353.11万元。其中，韶关市参保面积6.18万亩，保费600.47万元；河源市参保面积8.48万亩，保费700.74万元；梅州市参保面积18.17万亩，保费979.72万元；清远市参保面积1.54万亩，保费71.83万元；云浮市参保面积0.06万亩，保费0.34万元。

（六）重庆市

秀山县是重庆市油茶主产区之一，为增强油茶经营主体抵御自然灾害和意外风险的能力，秀山县积极开展了油茶保险试点工作，并于2023年将油茶种植保险纳入全县农业保险，积极引导油茶经营主体做到“应保尽保”。该产品保险金额为1000元/亩，费率为6%，保费为60元/亩。根据实施方案，保费由政府补贴70%，企业或农户缴纳30%，大大减轻了广大油茶种植企业和农户的负担。2023年，全县油茶种植保险承保面积3.12万亩，参保户数31户，总保费187万元。

（七）浙江省

浙江省林业局等7个部门发布《关于切实抓好2023年粮油生产保供工作的通知》，提出“鼓励各地依法采用以奖代补、贷款贴息等方式支持油茶林种植和改造，实施林业政策性保险。”2023年，宁波、台州、金华等地油茶保险相继试点落地，推动粮油生产稳定发展，打好粮食安全保卫战。

由太平洋产险依托浙江省气候中心开发的油茶低温气象指数保险在台州市仙居县试点推广，共承保10户，试点投保面积1070亩，提供风险保障金额214万元。保期为当年11月8日至次年3月31

日，此阶段是油茶开花结籽的关键时期，低温冻害对产量有较大影响。该保险产品约定不同时间段内，气温低于相应度数即触发理赔。

油茶种植综合保险在宁波市奉化区首单落地，结合气象指数保险及传统种植保险，针对暴雨、台风、高温和意外事故等导致的油茶减产进行赔偿，赔款用于弥补种植户因产量下降所造成的经济损失，为农户恢复生产提供资金支持，有效保障地方优势特色产业发展。

二、核桃保险

在我国经济林树种中，核桃栽培面积居首位，广泛分布在我国27个省（自治区、直辖市）。从2008年起，中央、行业部门及地方政府陆续出台了一系列政策支持和扶持产业发展，核桃产业发展形势好，核桃产油潜力巨大。2023年，广西、陕西、浙江、四川等地分别开展了核桃保险相关工作。

（一）广西壮族自治区

2023年，广西核桃同油茶、澳洲坚果均被纳入中央财政补贴范围，核桃属于广西地方优势特色农林产业品类，开发相关险种有利于为农户提供良好的风险保障，助推特色种植产业高质量发展。截至2023年年底，全省核桃投保面积已达5.82万亩，总保险金额为11639.09万元，保费总额为384.27万元。全年共发生理赔10起，已决赔款11.63万元，未决赔款2.80万元。

（二）陕西省

2023年，陕西省核桃保险保额为1000元/亩，保险费率为4.2%，每亩保费42元。由人保财险、中华财险、中航安盟、国寿财险、永安财险、太平洋产险及锦泰财险7家承保机构共同实施，覆盖汉滨区等27个县（区），投保面积共计86.29万亩，保费总额达4954.41万元。保险期间，全省共发生灾害527起，完成理赔502起，理赔面积10.25万亩，已决赔款2311.67万元，未决赔款295.38万元。同时，承保机构投入53.1万元用于防灾减损，以期进一步减少灾害对核桃种植的影响，为种植户提供稳固的风险保障，支持当地核桃产业的稳定发展。

（三）四川省

四川省广元市创新推出了核桃产业“双险种”保险，涵盖自然灾害险和价格指数险。自然灾害险按树龄分档，树龄1～6年保费10元/亩，7～9年36元/亩，10年以上60元/亩，保障果树和果实损失。价格指数险则根据市场价格波动赔偿，确保种植业主在价格低于一定水平时得到补偿。广元市在朝天区进行了试点，取得了良好效果，随后全市推广。政府分别对自然灾害保险和价格指数保险补贴75%和80%的保费，以鼓励更多种植业主参与投保。截至2023年年底，全市核桃自然灾害保险承保面积为6.13万亩，核桃价格指数保险承保面积为6.14万亩。

专栏2：浙江临安为山核桃产业保障托底的保险“三驾马车”

浙江省杭州市临安区推出了山核桃花期降雨气象指数保险、山核桃成本损失保险（新农综）和山核桃采收人身意外伤害保险，这三类特色保险是市、区两级政府为实施产业强区建设，保障山核桃产业发展壮大，推动乡村振兴和共同富裕出台的涉农政策性保险。山核桃保险的“三驾马车”有效促进了山核桃产业持续健康发展，帮助林农稳定增收。

山核桃花期降雨气象指数保险旨在防范应对倒春寒、花期连续阴雨等自然灾害引起的损失，在提升林农抵抗气象灾害风险能力方面有着重要的作用。该险种由区级财政提供70%的保费补贴，林农平均自缴52元/亩，2023年，共计103户林农近2万亩山核桃投保。

山核桃成本损失保险（新农综）主要应对防范低温冻害、高温干旱等气象灾害及地质灾害等引起的山核桃种植成本损失，适用范围广，能满足农业生产经营主体多元化的保险需求。市、区两级财政各提供40%的保费补贴，林农仅需承担20%，自缴30元/亩。2023年共承保82户，合计产生理赔款286万元，为受灾减产的林农挽回了经济损失。

由于山核桃采收地势险峻，采收时间短，劳动强度高，山核桃采收人员面临较大的安全风险。山核桃采收人身意外伤害保险涵盖了门诊、住院、身故伤残三级保险责任，保费为500元和550元两档，分别保障31天和52天，每人最高可赔偿21万元。2023年共接到报案402起，已阶段性支付赔款超过145万元。

三、其他特色保险

（一）广西壮族自治区商业性纸浆价格保险

华农财险广西分公司与河池市、玉林市合作，试点开展纸浆期货保险，为4.8万亩林地提供了1.38亿元的价格风险保障，保费为600万元。保费分担比例为：财政补贴35%，林企自缴10%，剩余部分由期货公司补贴。

围绕地方特色产业发展，华农财险广西分公司指导并推动了纸浆期货保险的试点开发，并积极争取地方财政补贴支持。在保险标的实际价格低于约定保障价格时，视为保险事故发生，保险公司按合同约定进行赔偿。通过创新“保险+期货”模式，为玉林市和河池市的纸浆产业提供了1.3亿元的分散价格风险保障，并在2023年共计理赔220万元。纸浆期货保险的推出，帮助纸浆生产企业有效规避了市场风险，对稳定纸浆产业发展起到了重要作用。

（二）安徽省广德市毛竹收购价格指数保险

2023年，安徽省广德市创新研发“毛竹收购价格指数保险”，在广德市箭穿村率先开展试点，将首批村集体竹产业专业合作社的2000亩毛竹纳入保障范围，提供价格风险保障50万元。在保险期内，当市场价格波动造成毛竹收购价低于成本价和收益浮动值之和，视为保险事故发生，保险机构按照保险合同约定对价格差额部分进行赔偿。

专栏3：广德市创新研发“毛竹收购价格指数保险”

广德市是安徽省重点山区县之一，是中国竹子之乡。全市林地面积12.99万公顷，竹林地5.87万公顷，立竹蓄积量2.4亿株，竹笋年产量3.8万吨。广德市林业发展中心、发改委等多部门联合，根据资源禀赋、产业基础，在5种竹林经营主体中择优遴选设立了25个毛竹收购价格采集点，采取加权平均值确定毛竹收购价格并在网上公示，为保险理赔提供精准的数据支撑。广德市林业局积极与广德市财政局、国元农业保险广德支公司等部门开展合作，通过走访调研竹产业合作社、村集体及适度规模经营主体等各类经营主体，积极汇报争取政策支持，成功在广德市箭穿村率先开展“毛竹收购价格指数保险”产品研发及业务试点，将首批村集体竹产业专业合作社的2000亩毛竹纳入保障范围，提供价格风险保障50万元。

保险期内，投保双方约定每亩产量为500千克，保险事故发生时，赔偿金额＝保险面积×［合同约定的生产成本价（0.5元/千克）＋收益浮动值（$N \geqslant 1$）－主管部门公示上一年度确定的山下收购成本］×单位面积产量。双方约定单位面积保额为250元/亩，费率为10%，单位面积保费为25元/亩。作为地方政策性险种，经营主体与县级财政按照一定的比例承担各自的保费，并将保费补贴纳入《广德市县级财政林业改革发展专项资金管理办法》补助范围。

广德市发改委（物价局）将建立保险毛竹山下收购价采集点名录库，在全市范围内择优选取25个有代表性的采集点作为参考依据，根据采集点持续记录的数据取平均值作为保险毛竹山下收购价，由价格主管部门按照相关要求每年向社会公开发布。

第四节　古树名木保险

古树名木是稀有珍贵资源，客观记录和生动反映社会发展和自然变迁，是区域历史的“活档案”。2023年9月25日，国家林业和草原局公布了《古树名木保护条例（草案）》，向社会公开征求意见，这是我国首部关于保护古树名木的专项法案，为保护古树名木提供了法律保障，也为保险机构创新险种提供了契机。多地积极推进古树名木保护保险工作，通过引入市场机制，为古树名木构建起一道灾前充分预防和灾后及时恢复的坚实屏障，实现古树名木可持续保护与传承。

一、山西省

山西省古树名木县级保险试点于2022年启动，全省共15个县（市、区）开办了古树名木保险业务，保费规模达105万元，共为8168株古树提供风险保障3.1亿元，保险责任包括自然灾害、意外事故、病虫害、倾倒、倾斜、枯萎、蛀干、主干分枝折损、蛀枝、施救费等。通过不断拓展古树名木保险县级试点范围，将进一步提高林草保险保障水平，为适时纳入省级保险试点奠定良好基础。

2023年，山西省稷山县试点为首批1250棵千年古枣树投保，每棵保额5万元，旨在加大对古枣树群的保护、管理和维护力度，打造古枣树群的长效保护机制。稷山千年古枣树不仅是当地生态资源的重要组成部分，更是被上海大世界吉尼斯总部评为世界最大的古枣树群，具有极高的保护价值。

二、江苏省

江苏省研究推进为古树名木购买保险等工作举措，让每一棵古树名木“老有所依”。2023年投保古树名木377棵，保额3.03亿元，保费合计20.38万元，其中市县财政补贴8.50万元，占41.71%；古树名木主管部门承担11.88万元，占58.29%。全年理赔1次，已决赔款4.45万元。江苏省古树名木综合保险主要保障两部分，一是施救费用，由于恶劣天气、病虫害、空中飞行、物体坠落等意外事故导致古树名木受损而产生的施救费用；二是第三者责任，因古树名木倾倒、倾斜、折断进而导致第三方人身伤害和财产损失，可以得到赔偿。

2023年11月14日，江阴市自然资源和规划局与人保财险江阴支公司签订了商业性古树名木救护保险合同，为江阴市首批10株古树名木提供300万元的风险保障。这10株古树名木涵盖了紫藤、银杏、皂荚和瓜子黄杨四类珍贵树种，其中包括位于中山公园的6株宋代紫藤，这些紫藤树龄均超过1000年，是江阴市的文化与历史遗产。保险覆盖了自然灾害、意外事故、病虫害等因素导致的古树名木倾倒、倾斜、蛀干（蛀枝）、枯萎等情况，所需的修护施救费用以及专家现场查勘费用均可得到赔偿。

三、山东省

2023年，山东省开展地方政策性“古树名木综合保险”，为曲阜市孔林景区、泰安泰山景区等地实施了古树名木综合保险项目，曲阜市孔林景区古树名木综合保险业务为景区内的9100株古树名木提供了高达2.73亿元的风险保障，泰安泰山风景名胜区古树名木综合保险业务为16800株古树名木提供了2.45亿元的风险保障，切实维护古树名木资源和生态环境安全。

四、湖北省

湖北省首单古树名木救护综合保险落地咸宁市崇阳县，政府出资2.65万元，为全县170株古树名木提供了221万元的风险保障。此次纳入保障范围的170株古树名木主要品种为红豆杉、桂花、银杏、苦槠等，共34种，树龄最高的已有1200年。每株古树保费120～360元不等，合同生效起一年内，被保古树名木如遭遇意外事故、气象灾害、地质灾害、病虫害，以及自然老化或项目建设等人为因素受损时，保险公司将按约定负责相应赔偿，单株古树最高可获得3万元的赔偿。

五、广东省

广东省积极引入商业保险机制，为古树名木提供全面的风险保障。截至2023年年底，全省共有16个地级市对古树名木参保，参保数量23611棵，保费规模357.08万元。2023年5月，广州市林业和园林科学研究院与平安财险签订《古树名木保护救治保险合同》，为沙面景区的135棵古树提供675万元的风险保障。在保险期内，由于火灾、爆炸、雷击、暴风、暴雨、台风、龙卷风、空中飞行物体坠落及病虫害等原因造成古树名木倾倒、倾斜、蛀干（蛀枝）、枯萎以及主干、分枝折损事故，保险公司对发生的必要而合理施救费用（包括查勘鉴定费用）进行赔偿，每棵古树最高可赔付5万元。该险种在茂名、韶关、惠州等地也有商业性试点落地，探索多元主体参与古树名木保护机制。

六、广西壮族自治区

广西壮族自治区梧州市为龙圩区2个乡镇10株珍贵古树名木投保古树名木防护救治保险，其中包括3株500～1300年树龄的一级古树（遗产文物）和7株280～500年树龄的二级古树，保费3600元，保额20万元。在保险期内，由于意外事故、气象灾害、地质灾害、病虫害、自然老化或因生境自然变化、项目建设等因素，直接造成古树名木无法正常生长、需要保护救治的情况，对必要、合理的施救费用，保险公司按照约定负责赔偿。2023年，古树名木防护救治保险发生赔付2株，主要涉及部分树冠被台风吹断，赔付施救和处置费用金额共5000元。

七、四川省

四川省积极推进古树名木保险工作，遂宁市、绵阳市、雅安市和眉山市等地已为部分古树名木购买了保险，充分发挥保险的社会管理职能和风险保障能力。为减轻地方财政压力，让更多的古树名木获得保障，四川省林业和草原局联合省绿化基金会在线上进行“我为古树上保险”资金募集活动。康定市林业和草原局与太平财险公司共同开展“康定市古树名木数字保护试点工程”，将陆续实现智能灌溉、智能分析、AI智能识别等功能，以科技赋能提升地方林业防灾减灾水平。

第五节　草原保险

草原是重要的自然资源和生态系统，是生态、生产、生活“三生”空间的集合体，更是生态文明建设的重要基石。2023年，我国政策性草原保险试点进程在内蒙古自治区、贵州省、四川省、青海省等地区持续推进，取得了积极成效。

一、内蒙古自治区草原保险试点

内蒙古自治区在草原保险试点工作中采取了多项务实举措，推动政策有效落地。发布了《关于切实做好2023年森林草原保险工作的通知》，要求各地区依据自治区《2023年农业保险保费补贴实施方案》切实落实政策，确保草原保险试点地区的投保、报险和理赔工作顺利完成。这一政策的实施旨在为牧民提供有力的保障，并促进草原生态保护。

在推动试点工作中，自治区开展了广泛的实地调研，深入呼伦贝尔市、兴安盟、通辽市等6个盟（市）的8个旗（县），全面了解草原保险的实施情况。调研过程中，自治区进一步发现了试点工作中的问题，并提出了有针对性的解决思路，为草原保险政策的改进提供了宝贵的建议和支持。

在研究草原主要灾害对生态环境的影响方面也取得了重要进展。自治区林草局选取赤峰市阿鲁科尔沁旗、通辽市扎鲁特旗和锡林郭勒盟阿巴嘎旗为实施地点，系统收集了气象、遥感、历史灾害等方面的数据，完成了风险区划和预警，编制了《内蒙古典型草原主要灾害对草原生态环境影响研究报告》及其数据集，开发了风险监测预警系统。这些研究成果为草原保险政策完善和草原生态保护提供了科学支撑。

此外，为提高草原保险从业人员的专业水平，自治区组织了林草保险业务管理培训班，面向盟（市）、旗（县）的草原保险负责人和业务骨干，培训内容涉及林业草原保险产品创新、典型案例分析及政策实践，共培训100余人，进一步提升了基层工作人员的业务能力。

截至2023年年末，草原保险试点覆盖面积达3274.13万亩，保费投入4394.25万元，较上一年度分别增加194万亩、257万元，参保面积显著增加。试点地区的8个盟（市）13个旗（县、区）均不同程度发生草原灾害，共理赔201起，理赔面积901.15万亩，总金额达1798.42万元，简单赔付率为40.84%。其中，草原旱灾理赔165起，理赔面积496.13万亩，理赔金额1371.29万元；草原病虫鼠害26起，理赔面积148.24万亩，理赔金额272.6万元；草原火灾3起，理赔面积0.33万亩，理赔金额0.66万元；沙尘暴7起，理赔面积256.45万亩，理赔金额153.87万元。参保牧民广泛受益，2023年度参保牧民1.28万户，其中1.27万户受益。可以说，草原保险为牧民提供了有效的风险保障，提升了防范化解草原灾害的能力，并为草原生态保护与修复作出了积极贡献。

二、其他地方草原保险试点

2022年9月30日，贵州省首单草原保险在安顺市关岭县正式落地生效，签订了为期一年的保险合同，标志着贵州省在农业保险领域的进一步创新与发展。随后，2023年，贵州省林业局联合省财政厅、省农业农村厅发布了《关于进一步做好全省政策性农业保险工作的通知》。该通知明确提出，要加快推动森林保险的参保、理赔模式创新，优化承保和理赔流程，并确保林业财政支持资金与森林保险的有机结合。通知还特别强调，要参考和借鉴林业碳汇保险及草原保险试点的经验和做法，深入推进林业碳汇保险和草原保险工作，为提升全省农业和生态环境保护能力提供保障。

2023年，青海省创新试点草原综合保险、牧草产量保险和草原碳汇遥感指数保险，合计为277户农牧民的99.81万亩草场提供1815万元的风险保障，降低气候灾害和意外事件给畜牧业造成的风险隐患。此外，大地财险在循化县试点开发了森林、草原碳汇遥感指数保险，为当地森林、草原农牧户提供了335万元的保险保障，捐赠保费共计30万元，持续补齐循化县林草植绿增绿短板。

第六节　湿地保险

湿地保险是一种专为湿地生态系统及其相关利益方设计的保险产品，旨在通过经济补偿机制，减轻因自然灾害、人为破坏或环境变化等因素导致的湿地功能退化、生物多样性丧失等风险。

一、福建省福鼎市互花米草保险

互花米草被列为全球最危险的100种外来入侵物种之一。福建省是受互花米草危害最严重的地区之一，2022年9月，福建全面打响互花米草除治攻坚战，按照“一年明显见效、二年基本除治、三年完成修复、长期加强管护”的总体目标，为了配合互花米草除治攻坚战，保险公司推出互花米草防治保险产品。2023年2月，全国首单互花米草防治保险在福建省宁德市福鼎市试点落地，为全市1万亩海域生态植被提供1000万元风险保障。保险期内，当出现因互花米草的入侵、繁殖直接造成海洋生态生物无法正常生长需要保护救治的情况，将对主管部门防治与改善海洋生态功能而投入的必要、合理的费用予以赔付，为灾后减损、海洋生态植被修复提供坚实保障。

二、福建省晋江市湿地生物多样性保险

2023年，福建省泉州市晋江市创新推出湿地生物多样性保护保险，保险公司为晋江市25万亩生物栖息湿地植被、自然保护区等提供了1.25亿元的风险保障，以投保地理区域内的红树林、芦苇及伴生植物等生物栖息湿地植被作为保险标的，主要应对因发生自然灾害、意外事故、外来物种入侵等风险导致鸟类、底栖生物与微生物无法正常生存繁衍的情况，以及生物多样性栖息湿地植被需要保护救治的情况。

三、江苏省湿地碳汇遥感指数综合保险

江苏省试点开展湿地碳汇遥感指数综合保险。2023年全省投保面积0.72万亩，保额1370.85万元，保费合计40万元，由投保单位全额承担。2023年8月，全国首单湿地碳汇遥感指数综合保险落地高邮市，为清水潭省级湿地公园7215亩湿地提供风险保障1370万元。该险种以湿地固碳经济价值和修复维护成本为补偿依据，当湿地因自然灾害、意外等原因受损而导致碳汇量减少时，保险人根据碳汇损失程度及湿地修复维护成本投入进行赔偿，为湿地环境保护和可持续发展提供了保障。

四、河北省湿地植被保险

河北省首单湿地植被保险由平安财险在张家口市怀来县官厅水库国家湿地公园成功落地。该湿地植被保险包括林木火灾保险和观赏植物种植保险两部分，保险标的全面覆盖了湿地公园内的乔木、灌木、地被植物、花卉及水生植物等所有植被。保险责任涵盖了因火灾或为控制火灾所采取合理救援措施导致的林木死亡或伐除损失，以及火灾、病虫害、草害和鼠害直接造成的观赏植物损失，有效降低了外在环境因素对湿地植被的影响风险。这一保险产品的实施为湿地生态资源提供了重要的风险保障，有助于提升湿地生态系统的韧性和持续性。

五、江西省湿地生物多样性保护保险

江西省首单湿地生物多样性保护保险保单在抚州市东乡区签出，为区内9787亩湿地提供近500万元的风险保障。湿地生物多样性保护保险以东乡区林业局为投保人，以区内幸福水库湿地公园、杨桥殿镇鄱阳湖候鸟保护湿地为承保标的。在保险期内，当出现保险条款列明的意外事故、自然灾害、有害物种入侵、病虫害等风险，直接造成保险湿地植被受损，导致鸟类、底栖生物与微生物无

法正常生存繁衍，生物多样性栖息湿地植被需要保护救治的情况，保险公司对主管部门救治、修复保险标的而投入的必要、合理的保护施救费用予以赔偿。对于保险湿地植被因遭遇项目建设、养殖污水、生产垃圾、农药残液等人为因素损害，造成损失需要救治的，保险公司可先行垫付，后由对湿地负有管护责任的单位或组织协助保险人向肇事方追偿。

一旦出险，保险公司将借助无人机、遥感等技术手段，联合湿地主管部门进行查勘定损，在灾后第一时间将理赔款支付到位，为灾后减损、湿地生态修复争取宝贵时间。

第四章
市场建设

第一节 市场需求

2023年7月，习近平总书记在全国生态环境保护大会上发表重要讲话，强调以美丽中国建设全面推进人与自然和谐共生的现代化。在新时代背景下，探索构建人与自然和谐共生的现代化路径，已成为推动我国林草事业高质量发展的重要议题。这也成为拓宽我国森林保险覆盖范围、深化森林保险作用成效的关键切入点。

一、生态文明建设持续深化

党的十八大以来，我国把生态文明建设作为关系中华民族永续发展的根本大计，开展了一系列开创性工作，在生态保护、绿色转型、制度体系、全球贡献等方面取得显著成就。2023年，全国林地面积为28369.57万公顷，森林覆盖率24%，森林蓄积量194.9亿立方米；全国草地面积为26321.57万公顷，草原综合植被盖度50.3%；全国湿地面积为2351.98万公顷。

（一）国土生态绿化工作取得显著成效

根据《2023年中国国土绿化状况公报》，我国国土绿化行动扎实开展，植树造林和生态修复工作取得显著成效。2023年，全国完成造林399.8万公顷、种草改良437.9万公顷、治理沙化石漠化土地190.5万公顷，森林面积和森林蓄积量连续40年“双增长”。党的十八大以来，我国累计完成造林10.2亿亩、森林抚育12.4亿亩。全国森林覆盖率由21.63%提高到24.02%。人工林保存面积达13.14亿亩，居全球首位。累计完成种草改良7亿亩，草地面积达39.55亿亩，居世界第一。累计完成湿地保护修复项目3600多个，全国湿地总面积8.45亿亩，居全球第四位。累计完成防沙治沙任务3.05亿亩，53%的可治理沙化土地得到治理，土地沙化实现“双下降”，重点治理区实现从“沙进人退”到“绿进沙退”的历史性转变，率先实现联合国提出的到2030年土地退化“零增长”目标。“三北”工程实施40多年来，累计完成造林保存面积4.8亿亩，治理退化草原12.8亿亩，治理水土流失面积6.7亿亩，有效防护农田4.5亿亩。

（二）以国家公园为主体的自然保护地体系构建工作逐步完善

从2013年党的十八届三中全会提出“建立国家公园体制”，我国国家公园建设事业的各项工作稳步推进，在体制机制探索、生态保护、绿色发展和民生改善等方面取得了重大成效，为生态文明建设提供了强大支撑。2023年，第一批5个国家公园总体规划发布实施，明确了各国家公园建设目标和任务。国家公园生态保护成效明显，旗舰物种种群数量得到恢复，生物多样性稳定增加，生态功能持续向好。首批国家公园探索了保护优先、合理转型的机制模式，近5万名社区居民参与生态管护公益岗位，获得感、幸福感持续增强。

第一批5个国家公园生态保护成效显著。三江源国家公园实现了长江、黄河、澜沧江源头整体保护，藏羚羊种群恢复到7万多只。大熊猫国家公园保护了70%以上的野生大熊猫，连通了13个局域种群生态廊道。东北虎豹国家公园畅通跨境通道，东北虎数量超过70只，东北豹数量超过80只。海南热带雨林国家公园雨林生境持续改善，长臂猿种群数量恢复到7群42只。武夷山国家公园黄腹角雉数量保持在700只左右，生态系统原真性、完整性进一步增强。以国家公园为主体的自然保护地体系加快构建。

我国正全力加速国家公园的高质量构建进程，此举不仅契合了生态文明建设及构筑美丽中国的迫切需求，也是国土空间规划治理与确保国家生态安全不可或缺的一环。由于国家公园内自然环境的脆弱性、基础设施如道路与输配电系统的复杂性，以及园内人员包括护林员、消防员等对风险的高度敏感性，加之其内蕴含的珍稀动植物资源价值非凡，这些要素均迫切呼唤更加多元化、定制化的保险解决方案来有效分散风险，筑牢生态安全防线。因此，国家公园建设的深入推进，无疑将为森林保险领域开辟新的功能维度。

二、集体林权制度改革不断深化

2023年9月，中共中央办公厅、国务院办公厅印发《深化集体林权制度改革方案》，明确了深化集体林改的任务目标、主要内容与实施路径。我国宜林荒山荒地主要集中在集体林区，现有集体林地分布在全国2600多个县，涉及1亿多农户。集体林权制度改革激发了农民扩绿、兴绿、护绿的积极性，集体林森林面积和蓄积量实现持续“双增长”。全国集体林森林面积21.83亿亩，比林改前增加了5.5亿亩，增幅37%，森林蓄积量93.32亿立方米，比林改前增加了48亿立方米，翻了一倍。在集体林权制度改革起步早、力度大的福建、江西，全省营造林面积连创历史新高，2023年森林覆盖率分别提高到65.39%、60.39%，位列全国第一、第二位。2023年，全国林业产业总产值超过9万亿元，其中80%的产值来自集体林。全国森林食品年产量2亿吨，人均130多千克，成为继粮食、蔬菜之后的我国第三大农产品，其中80%以上的产量来自集体林。集体林已成为林农就业增收的主阵地。集体林业带动4700多万农民就业，集体林地亩均产出约300元，比林改前增长了3倍多。

集体林权制度改革对于巩固和完善农村基本经营制度、促进农民就业增收、建设生态文明、推动绿色发展具有重要意义。2008年，中共中央、国务院印发的《关于全面推进集体林权制度改革的意见》中明确指出：“加快建立政策性森林保险制度，提高农户抵御自然灾害的能力。”林业保险作为集体林权制度改革的配套内容，在森林资源保护、林业生产和保障林农收入等方面发挥着重要作用。森林保险实践表明，政策性森林保险取得了巨大成效，在稳定林业生产、提升林业抗风险能力、巩固集体林权改革成果等方面作用明显。

三、林草产业稳健发展

近年来，我国林草产业规范健康发展，林业经济结构持续优化，林下经济、森林旅游业以及特色经济林等多元化产业蓬勃发展，为森林保险创造了更加丰富多元的市场需求。

（一）产业发展规模逐步扩大

按照《中国林业和草原统计年鉴2023》，2023年，全国林草产业总产值超过9.7万亿元（图4-1）。林下经济年产值突破1万亿元，以经济林为主的森林食物产量达到2.26亿吨，全国生态旅游游客量达25.31亿人次，生态美、产业兴、百姓富得到协同发展。木本油料、林下经济、竹藤花卉、林草种苗、木竹加工等林草产业不断壮大，发展潜力巨大。同时，全国林业产业结构持续优化升级，以森林生态旅游、森林康养为典型代表的第三产业呈现加速成长态势。这一产业结构的动态调整，有力地推动了林草产业向高质量发展阶段迈进。

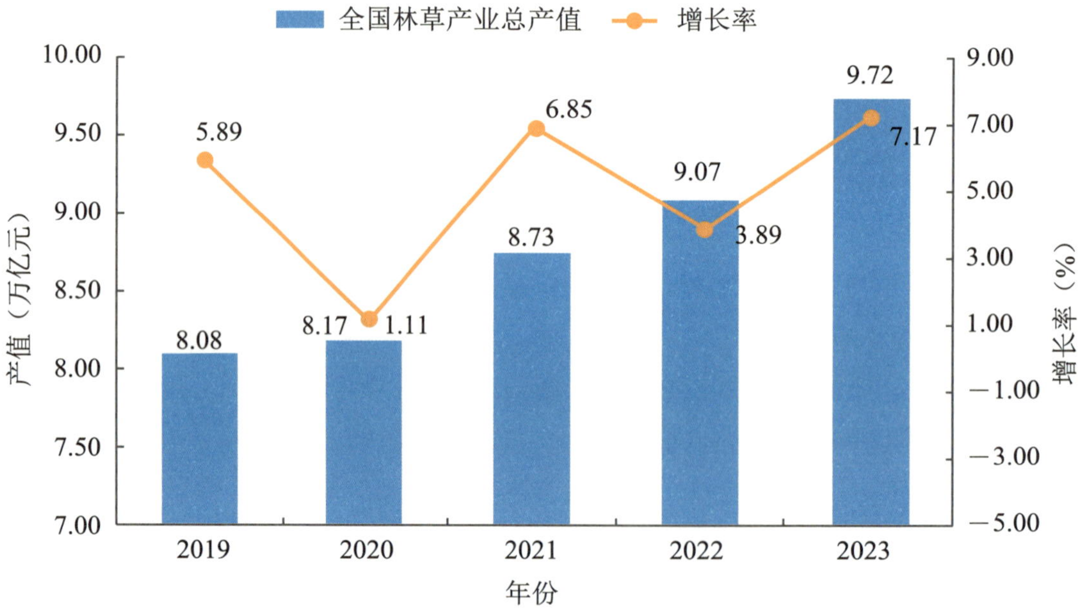

图 4-1　2019—2023 年全国林草产业总产值及其增长率

（二）政策利好

2023年1月，国家林业和草原局、国家发展和改革委员会、财政部联合印发了《加快油茶产业发展三年行动方案（2023—2025年）》，明确2023—2025年完成新增油茶种植1917万亩、改造低产林1275.9万亩，确保到2025年全国油茶种植面积达到9000万亩以上、茶油产能达到200万吨。

2023年3月，国家林草局印发《“十四五”国家储备林建设实施方案》。《方案》提出，“十四五”期间，我国将科学布局和实施国家储备林建设，建设国家储备林3600万亩以上，增加蓄积量7000万立方米以上，缓解木材供需矛盾，保障我国木材安全，推动国家储备林建设高质量发展。

2023年8月，国家林草局印发《林草种苗振兴三年行动方案（2023—2025年）》，明确了未来3年全国林草种苗工作的指导思想、行动目标和重点任务，其中提出要全面加强种质资源保护，全面提升草种生产能力，实现国家林草种质资源原地、异地保存库数量达到220处，建成后总保存容量达到300万份，基本建成国家、省两级和原地、异地、设施保存3种方式相结合的林草种质资源保存体系；建设50万亩乡土草种繁育基地。同年，国家林草局印发《林草种质资源收集工作方案（2023—2025年）》，计划利用3年时间新收集林草种质资源8万份，这是我国首次系统开展林草种质资源收集保存工作。

（三）林业产业市场需求不断增加

当前，我国林业产业市场需求持续扩大，展现出强劲增长动能和广阔的发展前景。在生态文明建设纵深推进和“双碳”目标全面落地的背景下，林业作为绿色经济的重要支柱，其生态价值、经济价值和社会价值加速释放。全社会对优质生态产品、低碳技术应用和绿色生活方式的追求，推动林业产业链条不断延伸、业态持续创新，形成多维度、多层次的市场需求体系。生态建设领域，山水林田湖草沙系统治理、国土绿化提质增效等国家战略的实施，催生了对生态修复技术、林木种质资源和专业化生态服务的迫切需求；产业转型层面，传统林产品加速向绿色化、高端化升级，环保建材、生物基材料等新兴领域成为市场热点，林业与康养旅游、文化创意等产业的深度融合，进一步拓展了市场空间；政策层面，“绿水青山就是金山银山”理念的深化实践，推动林业碳汇交易机制完善、生态补偿制度创新，为产业注入新活力。科技创新驱动效应显著，智慧林业、精准育种等技术的应用，持续提升资源利用效率和产业附加值。这种需求增长既体现了经济社会绿色转型的内在要求，也反映出林业产业从传统资源开发向生态价值创造跃升的深刻变革，标志着我国正加速构建生态优先、绿色低碳的高质量林业发展新格局。

四、林草生产经营风险保障需求

林草生产经营对气象条件和自然灾害呈现出高度敏感性。尽管森林与草原火灾的发生频次处于历史低位，但火灾防控的严峻形势依然未减，防控任务艰巨。此外，有害生物问题亦呈加剧之势，局部地区已出现灾害性蔓延，对林草生产经营构成严重威胁。因此，自然灾害的频发、火灾风险的居高不下以及有害生物危害的扩大，共同构成了林草生产经营面临的核心挑战，并进一步推动了该领域对森林保险保障机制的强烈需求。

（一）森林火灾危害

2023年，全国共发生森林火灾328起，受害森林面积达4134.06公顷，较上年同期分别下降53.74%和39.68%（图4-2）。其中，在3月和4月共发生147起，占全年总数的44.8%，接近全年总数的一半。森林火灾主要集中在内蒙古、黑龙江、广西、云南4个省（区），因灾死亡2人；共发生草原火灾15起，较上年同期减少29%，主要集中在内蒙古，因灾死亡1人。森林草原火灾起数处于历史低位，森林火灾、草原火灾起数较近5年均值分别下降77.5%、46.8%。

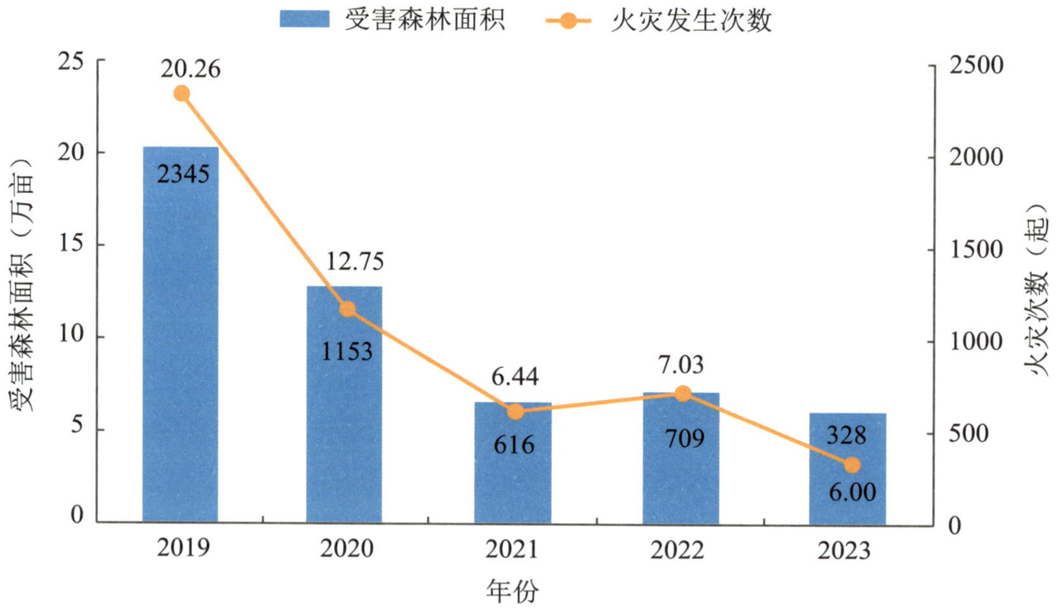

图 4-2　2019—2023 年全国森林火灾发生次数及受害森林面积

（二）林草有害生物危害

根据国家林草局生物灾害防控中心统计，2023年，全国主要林业有害生物持续高发态势虽然有所趋缓，但仍属偏重发生、局部成灾。全年共发生1.64亿亩，同比下降8.10%。

松材线虫病等重大外来有害生物扩散势头减缓，但危害程度依然严重。松材线虫病疫情发生面积1834.03万亩、同比下降19.11%，病死松树759.86万株、同比下降26.97%，县级疫区和乡级疫点数量同比分别减少62个、679个，全国实现了县级疫区、乡级疫点、发生面积和病死树数量“四下降”，疫情严重危害和快速扩散势头得到遏制。但疫情基数大、危害重且老疫区持续扩散，2023年新发7个县级、36个乡镇疫情，全国共计19个省（自治区、直辖市）、708个县（市、区）、5308个乡镇、22.37万个小班中发生松材线虫病疫情，约1/4的县级行政区存在疫情，有51个县发生面积超过10万亩，12个县病死松树超过10万株，武夷山国家公园、秦岭等重点生态区位疫情发生态势仍然偏重。美国白蛾疫情扩散势头趋缓，全国共计14个省（自治区、直辖市）、614个县（市、区）发生美国白蛾疫情，2023年未新增疫区；疫情发生面积932.85万亩，同比下降8.08%，发生面积连续6年持续下降，整体轻度发生，仅在华北平原、黄淮下游的老疫区局部仍有点片状偏重危害。薇甘菊等外来入侵植物在华南沿海局地呈加重危害态势。

多种本土林业有害生物在“三北”、华南、西南多地危害严重。鼠（兔）害在“三北”危害有所加重。沙鼠类在新疆和甘肃等西北荒漠林区局地、鼢鼠类在西北局部未成林地、䶄鼠类在内蒙古大兴安岭局地等危害严重。松树钻蛀类害虫整体危害严重，多地成灾。松褐天牛与松材线虫病、生理性病害混合发生，在南方多地危害严重，华山松大小蠹、切梢小蠹、八齿小蠹等在秦巴山区、西南和东北林区仍属偏重危害。松梢螟类在吉林森工等地持续危害。松树病害在东北林区危害上升，整体偏重流行。

2023年，全国主要草原有害生物危害面积总体下降，但严重危害面积占比41.82%，呈偏重危害，全年危害5.93亿亩、同比下降18.31%，严重危害2.48亿亩、同比下降28.61%。其中，草原鼠害危害占比大，在青藏高原、三江源等地较重，全年危害4.27亿亩、同比下降19.75%，严重危害1.89亿亩、同比下降29.65%，鼠兔类、鼢鼠类、沙鼠类、田鼠类在多地局部高密度或严重危害；草原虫害在新疆、青海、内蒙古等地局部严重、虫口密度大，全年危害0.98亿亩、同比下降12.71%，严重危害0.36亿亩、同比下降30.35%，草原蝗虫类、毛虫类在多地高密度或危害，叶甲类整体轻度危害。

此外，食叶害虫、经济林病虫等其他本土常发性林业有害生物整体平稳发生，局部偏重。

（三）极端天气危害

据中国气象局《2023年中国气候公报》，2023年，我国气候状况总体偏差，暖干气候特征明显，涝旱灾害突出。全国平均气温为历史最高，降水量为2012年以来第二少，全国平均高温日数和极端高温事件分别为历史第二多和第四多，而全国平均降水日数为历史第二少。

2023年，我国汛期暴雨致灾性强，华北和东北部分地区发生旱涝急转；区域性和阶段性干旱明显，西南地区出现冬春连旱；台风生成及登陆个数偏少，但台风“杜苏芮”影响重大；中东部高温天气过程出现时间早、影响范围广、极端性强，华北和黄淮地区出现自1961年以来最强高温天气过程；冷空气过程偏多，年初、秋末和12月寒潮频繁；强对流天气过程偏少，但局地致灾严重；北方沙尘天气多，出现早，影响偏重。在气温方面，2023年全国平均气温为10.71摄氏度，较常年偏高0.82摄氏度，为1951年以来历史最高。全国平均高温日数较常年偏多4.4天，为1961年以来第二多。在降水方面，2023年全国平均降水量为615.0毫米，比常年偏少3.9%，为2012年以来第二少。在六大区域中，华北、东北和西北降水量偏多，长江中下游、西南和华南降水量偏少；在七大江河流域中，除珠江流域、长江流域和辽河流域降水量偏少外，其他流域降水量均偏多。

第二节 市场供给

2023年，我国森林保险市场有27家保险经营机构参加森林保险业务经营，与2022年相比减少了两家。森林保险市场集中程度处于较高水平，人保财险在全国范围内依然具有绝对优势，占比44.96%；太平洋产险和国寿财险的市场份额分别位列第二和第三，分别为10.47%和9.99%。

一、市场主体

2023年，我国有人保财险、中华财险、国寿财险、安华农险、中航安盟、国元农险、平安财险、永安财险、太平洋产险、安诚财险、阳光财险、北部湾财险、大地财险、锦泰财险、泰山财险、太平财险、阳光农险、大家财险、中原农险、中煤财险、紫金财险、燕赵财险、黄河财险、诚泰财险、长江财险、恒邦财险、国任财险共27家保险机构，通过独立经营或参与共保体的方式经营森林保险业务（表4-1）。

表4-1　2019—2023年全国森林保险承保主体

年份	承保主体	数量	数量变化
2019	人保财险、中华财险、中航安盟、平安财险、太平洋产险、国寿财险、安华农险、国元农险、北部湾财险、阳光财险、永安财险、大地财险、安诚财险、锦泰财险、泰山财险、大家财险、太平财险、阳光农险、中原农险、天安财险、紫金财险、安信农险、浙商财险、中煤财险、燕赵财险、国任财险	26	新增国任财险
2020	人保财险、中华财险、中航安盟、平安财险、太平洋产险、国寿财险、安华农险、国元农险、北部湾财险、阳光财险、永安财险、大地财险、安诚财险、锦泰财险、泰山财险、大家财险、太平财险、阳光农险、中原农险、天安财险、紫金财险、安信农险、浙商财险、中煤财险、燕赵财险、国任财险、黄河财险、诚泰财险	28	新增黄河财险、诚泰财险
2021	人保财险、中华财险、中航安盟、平安财险、太平洋产险、国寿财险、安华农险、国元农险、北部湾财险、阳光财险、永安财险、大地财险、安诚财险、锦泰财险、泰山财险、大家财险、太平财险、阳光农险、中原农险、天安财险、紫金财险、安信农险、浙商财险、中煤财险、燕赵财险、国任财险、黄河财险、诚泰财险	28	无增减变化
2022	人保财险、中华财险、中航安盟、平安财险、太平洋产险、国寿财险、安华农险、国元农险、北部湾财险、阳光财险、永安财险、大地财险、安诚财险、锦泰财险、泰山财险、大家财险、太平财险、阳光农险、中原农险、天安财险、紫金财险、安信农险、浙商财险、中煤财险、燕赵财险、黄河财险、诚泰财险、恒邦财险、中路财险	29	国任财险退出，新增恒邦财险、中路财险
2023	人保财险、中华财险、国寿财险、安华农险、中航安盟、国元农险、平安财险、永安财险、太平洋产险、安诚财险、阳光财险、北部湾财险、大地财险、锦泰财险、泰山财险、太平财险、阳光农险、大家财险、中原农险、中煤财险、紫金财险、燕赵财险、黄河财险、诚泰财险、长江财险、恒邦财险、国任财险	27	天安财险、安信农险、浙商财险、中路财险退出，新增长江财险、国任财险

注：部分机构通过共保体方式参加，不是主承保人。

2023年与2022年相比，森林保险经营主体增加了长江财险和国任财险。2023年，长江财险参与了湖北省森林保险业务，承保286.33万亩林地；国任财险参与了陕西省森林保险业务，承保136.36

万亩林地。

二、市场分布

（一）市场排名

从承保面积来看，2023年，我国森林保险承保面积排名前10位的森林保险经营机构分别是人保财险、国寿财险、太平洋产险、中华财险、平安财险、中航安盟、安华农险、大地财险、国元农险、北部湾财险。前10名保险机构的承保面积共计234383.15万亩，占整个森林保险市场的94.56%，与2022年相比，全国森林保险市场仍然保持着较高的市场集中度（表4-2）。

与2022年相比，2023年大地财险在全国前10名森林保险经营机构当中的排名有所上升，人保财险则继续以绝对优势领先于其他保险机构。

表4-2 2022—2023年全国前10名森林保险经营机构承保状况

保险机构	承保面积（万亩）		承保面积行业占比（%）		排名	
	2022年	2023年	2022年	2023年	2022年	2023年
人保财险	107346.86	111439.39	43.54	44.96	1	1
国寿财险	29195.03	25960.51	11.84	10.47	2	2
太平洋产险	24255.10	24764.80	9.84	9.99	3	3
中华财险	23835.90	20695.28	9.67	8.35	4	4
平安财险	16181.27	19713.63	6.56	7.95	5	5
中航安盟	15408.81	11435.32	6.25	4.61	6	6
安华农险	5767.85	5575.16	2.34	2.25	7	7
国元农险	5226.68	5410.80	2.12	2.18	8	9
北部湾财险	4300.89	5201.59	1.74	2.10	9	10
大地财险	3693.08	4186.68	1.50	1.69	10	8
合计	235211.46	234383.15	95.41	94.56	—	—

（二）市场区域分布

根据森林保险经营机构的区域分布和在各地区的市场优势情况，可以将各森林保险经营机构的市场分布分为四种类型（表4-3）。

表4-3　2023年森林保险主要承保机构的市场分布

保险机构	市场份额				
	100%	50%～＜100%	30%～＜50%	10%～＜30%	＜10%
人保财险	北京、大连、宁波、厦门、青岛、内蒙古森工集团	江苏、浙江、福建、江西、海南、贵州、甘肃、青海、宁夏	河北、内蒙古、辽宁、山东、广东、重庆、四川、云南、陕西	天津、山西、吉林、河南、湖北、湖南、广西、大兴安岭林业集团	黑龙江、安徽
国寿财险			山西	安徽、福建、江西、山东、河南、湖南、广西、贵州、云南、陕西、青海	河北、内蒙古、吉林、江苏、湖北、广东、重庆、甘肃
太平洋产险				天津、河北、山西、辽宁、浙江、江西、湖北、湖南、广东、广西、海南、重庆、贵州、云南	内蒙古、吉林、江苏、安徽、福建、山东、河南、四川、陕西、甘肃、青海
中华财险			内蒙古	河北、吉林、山东、湖北、湖南、广东、四川、陕西	辽宁、河南、广西、重庆、甘肃
平安财险		黑龙江、大兴安岭林业集团	天津、宁夏	江苏、山东、湖北、湖南、重庆、贵州、甘肃	辽宁、吉林、福建、江西、河南、广东、广西、海南、四川、云南、陕西
中航安盟			四川	辽宁、陕西	内蒙古、吉林
安华农险			吉林	辽宁、黑龙江	内蒙古、山东
大地财险				天津	山西、辽宁、江西、湖北、湖南、广西、甘肃
国元农险		安徽		河南	贵州
北部湾财险				广西	

注：吉林省的数据包含长白山森工集团和吉林森工集团。

第一类是业务分布区域广，集中度高，且在许多地区和单位占据优势地位或者重要地位。这种类型的典型代表为人保财险，其在北京、大连、宁波、厦门、青岛、内蒙古森工集团6个地区和单位占据100%的市场份额，具有绝对优势；在江苏、浙江、福建、江西、海南、贵州、甘肃、青海、宁夏9个地区的市场份额均高于50%，占据相对优势地位；在河北、内蒙古、辽宁、山东、广东、重庆、四川、云南、陕西9个地区的市场份额均高于30%，具有重要影响地位；在天津、山西、吉林、河南、湖北、湖南、广西、大兴安岭林业集团8个地区和单位的市场份额高于10%；在安徽、黑龙江2个地区的市场份额低于10%。

第二类是业务分布区域较广，但是在多数地区和单位市场份额不高，仅在少数地区占据优势地位。这种类型有中华财险、国寿财险、平安财险和太平洋产险4家森林保险机构。

其中，中华财险的森林保险业务覆盖14个地区，在内蒙古自治区的市场份额高于30%，具有重要影响地位；在河北、吉林、山东、湖北、湖南、广东、四川、陕西8个地区的市场份额高于10%；在辽宁、河南、广西、重庆、甘肃5个地区的市场份额小于10%。

国寿财险的森林保险业务覆盖20个地区，在山西的市场份额超过30%，具有重要影响地位；在安徽、福建、江西、山东、河南、湖南、广西、贵州、云南、陕西、青海11个地区的市场份额达10%以上；在河北、内蒙古、吉林、江苏、湖北、广东、重庆、甘肃8个地区的市场份额在10%以内。

平安财险的森林保险业务覆盖22个地区和单位，在黑龙江、大兴安岭林业集团市场份额超过50%，具有相对优势；在天津、宁夏的市场份额高于30%，具有重要影响地位；在江苏、山东、湖北、湖南、重庆、贵州、甘肃7个地区的市场份额超过10%；在辽宁、吉林、福建、江西、河南、广东、广西、海南、四川、云南、陕西11个地区的市场份额在10%以内。

太平洋产险在全国25个地区开展森林保险业务，但是市场份额都在30%以下，其中，在天津、河北、山西、辽宁、浙江、江西、湖北、湖南、广东、广西、海南、重庆、贵州、云南14个地区的市场份额高于10%；在内蒙古、吉林、江苏、安徽、福建、山东、河南、四川、陕西、甘肃、青海11个地区的市场份额在10%以内。

第三类是业务分布集中在特定区域，在特定区域竞争优势明显。这种类型有中航安盟、安华农险和国元农险3家森林保险机构。其中，中航安盟的森林保险业务集中在四川、辽宁、陕西3个地区，在四川占据33.63%的市场份额，具有重要影响地位；在辽宁和陕西2个地区的市场份额高于10%；在内蒙古、吉林的市场份额在10%以内。安华农险分布范围扩大，覆盖了吉林、辽宁、黑龙江、内蒙古、山东5个地区。其中，在吉林占据33.63%的市场份额，具有重要影响地位；在辽宁、黑龙江2个地区的市场份额高于10%；在内蒙古、山东的市场份额在10%以内。国元农险主要分布在安徽、河南和贵州，占据安徽省80.03%的市场份额，市场优势明显；在河南省的市场份额高于10%，在贵州省的市场份额低于10%。

第四类是业务分布区域窄且竞争优势不明显。多数森林保险经营机构属于这种类型，包括北部湾财险、大地财险等其他森林保险经营机构。北部湾财险仅在广西开展森林保险业务，其拥有广西29.48%的市场份额，大地财险在天津占有15.84%的市场份额，在其他地区市场份额低于10%。

三、市场结构

2023年，我国森林保险市场共有27家保险经营机构提供相应的保险服务，市场参与主体数量较多，但从整体上来看，市场集中度较高，竞争不够充分，形成了“一超多强”的市场格局，其中人保财险占据龙头地位，太平洋产险、国寿财险、中华财险、平安财险也占据了较高的市场份额。前四大经营机构的承保面积占整个森林保险规模的73.78%，前十大经营机构的承保面积比重达到94.56%。

从各参保地区和单位来看，2023年，大多数地区和单位森林保险市场的集中度较高，有17个地区的经营机构不超过5家。从市场集中度来看，有6个地区处于垄断状态，其中北京、大连、宁波、厦门、青岛、内蒙古森工集团均只采用人保财险。其他地区也都属于寡占型市场，市场集中度较高（表4-4）。

表 4-4　2023 年森林保险市场结构

市场结构类型	1家保险机构独家经营	前4家保险机构的市场份额高于80%	前4家保险机构的市场份额低于80%
地区和单位	北京、大连、厦门、宁波、青岛、内蒙古森工集团	河北、山西、浙江、福建、江西、广东、海南、贵州、青海	天津、内蒙古、辽宁、吉林、黑龙江、江苏、安徽、山东、河南、湖北、湖南、广西、重庆、四川、云南、陕西、甘肃、宁夏、大兴安岭林业集团

具体而言，2023年我国各地区和单位森林保险的市场结构可以分为四类。

第一类：由一家保险机构独家经营。这种类型的地区和单位有北京、大连、厦门、宁波、青岛和内蒙古森工集团，这6个地区和单位均由人保财险独家经营。

第二类：多家保险机构共存，一家保险机构占据市场绝对优势，且与第二名存在较大差距。这种类型的地区和单位有黑龙江、江苏、浙江、安徽、福建、江西、海南、贵州、甘肃、青海、宁夏、大兴安岭林业集团。在这些地区和单位中，第一名市场份额均在50%以上，且第二名与第一名之间的差距在25个百分点以上。

第三类：多家保险机构共存，由两家势均力敌的企业占据市场主要份额。这种类型的地区有内蒙古、四川。在这两个地区中，前两名保险机构的市场份额占70%以上，第一名与第二名之间的差距较小，在30个百分点以内，且第二名的市场份额达到第一名的50%以上，对第一名具有较强的挑战性。

第四类：市场有多家保险机构，且各个保险机构之间的市场份额差距较小，竞争较为激烈。这种类型的地区和单位有天津、河北、山西、辽宁、吉林、山东、河南、湖北、湖南、广东、广西、重庆、云南、陕西和内蒙古森工集团。

从整体上看，2023年我国森林保险市场集中度较高，除海南、黑龙江、甘肃和内蒙古森工集团以外，大部分地区和单位的市场结构类型没有发生明显变化（表4-5）。

表 4-5 2023 年森林保险市场结构变动情况

年份	市场结构类型			
	第一类	第二类	第三类	第四类
2022年	北京、黑龙江、宁波、厦门、青岛、内蒙古森工集团、大连	浙江、安徽、江苏、福建、江西、青海、宁夏、贵州、山东、大兴安岭林业集团	内蒙古、四川	山西、河南、湖南、广西、甘肃、辽宁、云南、天津、山东、陕西、广东、河北、吉林、重庆、海南、湖北
2023年	北京、大连、厦门、宁波、青岛、内蒙古森工集团	黑龙江、江苏、浙江、安徽、福建、江西、海南、贵州、甘肃、青海、宁夏、大兴安岭林业集团	内蒙古、四川	天津、河北、山西、辽宁、吉林、山东、河南、湖北、湖南、广东、广西、重庆、云南、陕西、内蒙古森工集团
2023年增加		黑龙江、海南、甘肃		内蒙古森工集团
2023年减少	黑龙江			

第三节 机制创新

为了促进森林保险产品紧密契合林草高质量发展的新要求，全国各地林草资源管理部门积极行动，聚焦于资源保育与利用、产业升级以及跨部门协作等多个维度，推进了一系列机制上的革新举措。

一、完善部门协同机制

黑龙江省林业和草原局积极加强行业协作，联合财政、金融监管等部门密切配合制定政策，并积极转变职能，主动与相关保险公司对接，为拓展涉林保险业务提供服务与支持，并建立涉林保险业务交流工作群，及时调度了解涉林保险业务开展情况，协调解决发现问题，共同推动涉林保险业务有序发展。

山东省充分发挥由省财政厅、省农业农村厅、省发展改革委、省自然资源厅（省林业局）、省地方金融管理局、省畜牧兽医局、国家金融监管总局山东监管局等单位组成的省农业保险高质量发展工作联席会议作用，加强保险政策的研究制定，统筹实施政策指导、监督管理、绩效评价，在全省涉农保险建立了统一的农业保险信息管理平台，将森林保险纳入其中，利用信息化开展保单审核、投保校检、数据管理，提高保险工作效率，并从源头上预防弄虚作假和骗取财政补贴资金等行为发生。

广西壮族自治区玉林市由财政牵头统筹林业、气象、金融监管等多部门，建立农业保险工作局际联席会议制度，形成“周督促、月通报、年总结”的保费补贴拨付监测机制，并推动森林保险共保模式落地。

二、优化服务能力提升机制

第一，加强业务培训。2023年，广西壮族自治区联合国家林业和草原局管理干部学院在北海举办2023年全区政策性森林保险管理业务培训班，全区业务主管人员共170人参加培训。配合国寿财险广西分公司开展北海、钦州、防城港、玉林共保片区森林保险共保业务培训，提高沿海高风险区域承保服务水平。联合人保财险、国寿财险等4家保险公司分别在河池、百色、柳州、贺州举办油茶政策性保险专题培训班共4期，组织各市县森林保险和油茶业务管理人员、油茶种植大户、造林大户、保险公司业务人员共230人参加培训。此外，天津、河北、山西、内蒙古、山东、湖南、广东、海南、云南、甘肃、青海等省（自治区、直辖市）积极开展各类森林保险专题培训，围绕森林保险政策、防灾减损工作、定损理赔工作等，提升保险工作人员的政策水平和业务能力。

第二，引进专业服务。2023年，山西省积极引入保险经纪公司提供保险技术支持，让专业的人做专业的事，有效降低保险成本，提高林业经营主体满意度。一是开展驻点服务，在野生动物致害频发时点、干果经济林保险冻灾理赔关键时点，赴试点县开展了驻点服务，督促保险公司尽快完成理赔。二是提供专业技术支持。在林草保险政策方面提出了专业的解决对策，日常工作中注重理赔信息的收集与整理，发现未及时理赔案件，及时督促理赔。三是开展宣传工作，保险经纪公司针对野生动物致害责任保险保障内容、理赔流程及注意事项等内容进行普及宣导，发放了野生动物致害保险宣传手册、宣传折页，录制了宣传视频，切实做到为群众办实事。

第三，完善专家库建设。2023年，辽宁省各地林草部门充分发挥自身专业优势，建立林业专家库，参与由经办机构成立的森林保险理赔专家小组，为灾后查勘定损提供必要的专业鉴定和理赔依据。

广西壮族自治区建立了自治区级和县级政策性森林保险纠纷调解委员会，完善理赔专家库，森林保险理赔专家队伍已达340人，有效推动理赔服务规范化、正规化。

第四，完善服务网络。2023年，湖北省各保险公司在湖北省林业局的指导下，按照农险基层服务体系建设要求，积极与各级林业部门开展合作，完善基层服务体系，逐步建立起完整的县、乡、村三级服务网络，解决了保险服务“最后一公里”的问题。国寿财险共设立县支机构82家，乡镇营销服务部及“三农”服务网点371家，设立农村服务团队118个，共有服务人员435人。中华财险建成95个县区支公司，111个乡镇正式营销服务部，1038个标准化“三农”保险服务站，延伸村级服务网点1866个。

辽宁省各保险公司有序推进森林服务站建设，沟通乡镇林业站等政府机构共同开展宣传、承保、查勘、理赔、收付费等工作，建立了保险服务网络体系，协助进行承保查勘和损失程度鉴定工作。

青海省联合人保财险针对德令哈市、都兰县、乌兰县3个地区的13个乡镇林业站加挂“森林保险乡镇服务站”牌子，增强乡镇林业站“一站式”“全程代理”便民服务工作能力，扩大了农牧民群众保险服务覆盖面，实现了“面对面”“心贴心”“零距离”保险服务。

第五，做好政策宣传。2023年，广西壮族自治区通过发放“致林农朋友的一封信”、问答手册及进行政策宣讲等多种形式，向广大林农宣传政策性森林保险的目的和意义、保险产品、责任范围、理赔标准等内容，全年共发放各类宣传材料3000份。制作《广西政策性森林保险微课堂》系列短视频3个，通过喜闻乐见的形式，向社会讲述森林保险的概念、自治区的主要险种、保险责任和保险理赔，有效提升了人民群众对森林保险的认知度。青海省充分利用各种媒体、报刊，采用通俗易懂的方式，将修订的公益林条款、经济林条款、林木种苗条款、灾害损失认定技术标准等印制成宣传单，发给全省基层林业部门和林农进行宣传，累计发放森林保险宣传单2万余份。

三、优化市场运行机制

2019年，财政部等部门联合印发《关于加快农业保险高质量发展的指导意见》，要求加强对保险机构的规范管理，建立以服务能力为导向的保险机构招投标和动态考评制度。此后，各地积极探索采用招投标方式选择辖区内开展森林保险业务的保险机构。2023年，许多地区的森林保险服务期限已到，重新开展了新一轮的保险机构招投标工作。在重新招投标的过程中，各地不断完善招投标机制，优化森林保险市场运行机制。

一是开展分级招投标。2023年，云南省以服务能力为导向，通过政府采购招投标依法选定承保机构，建立动态考评制度，加强承保机构遴选，优化森林保险市场布局。首先，将重点林区及森林火险指数高、地质灾害频发、重点森林病虫害防治林区设为第一标段，次重点林区设为第二或第三标段。其次，就服务能力、服务质量、查勘理赔、农户满意度等方面，组织县（区）对承保机构进行考评排位。得分最高的承保机构负责承保第一标段，次高的承保第二或第三标段。最后，经招标和评分等规范程序，各地签约能够深入农村基层、开展一线服务“三农”的保险公司。森林保险市场呈现以人保财险和国寿财险为主力、多保险公司鼎立的局面，其中，人保财险占34.33%、国寿财险占26.22%、太平洋产险占16.87%、平安财险占9.47%、诚泰财险占6.50%、大地财险占3.87%、太平财险占1.58%、阳光财险占1.16%，有效优化了森林保险市场。

二是提升林草部门遴选自主权。2023年，山西省林业和草原局印发了《关于做好政策性农业保险承保机构遴选工作的通知》《关于进一步规范省直林局森林保险承保机构遴选工作的通知》等文件，有效提高了林草部门在森林保险机构遴选中的话语权，增强了遴选要求的科学性与合理性，更加符合林业风险特征。组织地方林业局业务骨干集中学习了遴选政策，提高了工作人员的政策水平和业务能力，并对省直林局招标文件的缮制、评分标准的厘定以及开标现场的监督等工作进行指导，从具体举措上扭转了以往“下了文件等结果”的被动工作局面，实现了对林业局招标遴选工作的全过程监督。

三是完善遴选指标设计。2023年，贵州省林业局会同省财政厅、省农业农村厅联合印发了《2024年贵州省公开遴选政策性农业保险承保机构的实施意见》，对承保机构的服务期限、遴选的评价标准、平均赔付率、结案率等进行了规范，并将护林员意外伤害以及见义勇为保险捐赠情况作为加分项纳入承保机构的遴选条件中，明确了承保机构在森林保险的服务范围为护林员捐赠保险达到95%以上的加2分，鼓励承保机构积极为护林员捐赠保险。此外，山西省对森林保险防灾减损投入比例进行了明确。

四是跨部门联合遴选。2023年，山东省林业局联合省财政、农业农村、金融监管等部门，制定工作方案，由联席会议统一组织遴选省、市、县农业保险（含林业保险）承保机构，保证了经验丰富、服务网络健全、风险控制良好的保险机构承保，为保险工作开展奠定扎实基础，最终全省农业保险（含林业保险）承保机构总数达到16家，其中新增承保机构7家，有效提升了森林保险服务供给能力和市场活力。黑龙江省跨部门遴选保险机构，通过建立遴选工作机制，完善遴选程序和评审指标体系，分省级和市县两个层面公开遴选政策性农业保险业务承保机构，优化农业保险市场布局，提升农业保险服务质量。

五是加强招投标前期准备。2023年，甘肃省为了让森林保险招投标工作更为有效，开展了大量的前期准备工作，包括完成森林保险2022年绩效评价报告、关于森林保险自然灾害综合风险评估与市场需求的调查报告、森林保险资金综合核查方案、2020—2022年度森林保险承保服务公司服务情况基层评分对比分析等，这为2023—2025年度森林保险承保服务公司招标工作中的评价指标设计、中标服务合同条款设计提供了重要支撑。2023年，甘肃省省直单位森林保险工作共有8家承保服务公司开展承保服务工作。

第四节　技术和服务创新

随着信息技术的迅猛发展，特别是互联网、大数据与云计算技术的深度融合，森林保险领域迎来了技术革新的浪潮。保险行业积极响应，全面引入现代信息科技手段，贯穿于森林保险各个环节，极大地增强了服务的科学性、便捷性，提高了工作效率。2023年，众多保险公司已构建起集卫星遥感监测、无人机巡查、手持智能终端等多维度于一体的综合科技应用框架，实现了跨尺度的精准管理。

此轮技术创新不仅显著提升了保险公司在面对大规模自然灾害时的定损精准度与效率，确保了理赔流程的公正性与科学性，还有效加速了承保、理赔服务流程的优化，极大地提升了保险服务的整体效能。此外，这一系列技术革新为森林及草原保险领域的发展注入了强劲的创新活力，为其持续探索与革新奠定了坚实的基础。

一、技术应用创新

（一）智慧林业注入新活力

在数字化和智能化的浪潮中，林业管理正经历着一场根本性的变革。智慧林业管理不仅仅是一种技术的应用，还是对传统林业管理方式的革新。它利用更加现代化的手段，如数字化技术，包括人工智能、无人机、卫星遥感、物联网、云计算等，实现对森林资源的精准监测和高效管理。无人机技术在智慧林业管理中的应用，正成为林业革新的强大推动力。随着自主控制、网络通信和数据处理等技术的飞速发展，无人机已经变得更加智能化和自动化。无人机搭载的视觉影像、红外勘测、精确激光雷达点云和智能目标识别算法，使得无人机在林业管理的多个方面发挥着至关重要的作用。

早在2016年，大疆就开始与林场和林业局的一线人员深入接触，探索无人机在林业的可行性应用。2017年，大疆正式成立了行业应用事业部，并推出了性能更强大、飞行更可靠的行业无人机和配套的机载设备，丰富在智慧林业管理上的应用。2022年推出了首款“大疆机场”，更是直接应用在林业一线，和单兵作战无人机一起，为行业用户提供更加自动化、智能化、无人化的“空地一体”解决方案。2023年11月，大疆升级发布第二代“大疆机场2”，体积和重量较上一代产品分别下降了75%和68%，部署时长从5小时缩短至30分钟，适配的“大疆司空2”云平台支持多种云端智能作业模式，为林业智慧化建设再添助力。

黎平县拥有460万亩国有储备林，森林覆盖率达72.75%。为提高林业管理效率，贵州省在国家储备林收储调查中，采用大疆禅思L2激光雷达进行调查，替代传统人工方法。大疆的Matrice350RTK搭载禅思L2，50分钟飞行了两个架次，最终生成了相关的点云图，再通过滤波最终呈现出单木分割的情况，来算出单木数量以及蓄积量。禅思L2的强穿透性和高精度，使其成为林业管理的重要工具，提升了林业资源调查和森林保护的能力（图4-3）。

国家级5A景区通常以独特的自然和人文景观而闻名，传统园区管理靠人工巡查，存在效率低、盲区多等问题。如玉龙雪山景区面积415平方公里，引入“大疆机场”后，设置7条常态化巡查航线，每天最高11架次巡查，有效提高了巡查效率和精准度。清西陵景区则利用“大疆机场”的红外热成像相机，即使夜间也能清晰识别人员，及时排除安全隐患。5A景区通过“大疆机场”实现全天候无人值守、自主巡查，有效扩大了巡查范围，保障了景区安全（图4-4）。

（二）保险＋科技应用

2023年，中华财险搭建了“连州菜心大数据平台”，将“保险+科技”运用在防灾减损当中，

图 4-3　采用无人机进行林业调查

图 4-4　无人机红外热成像

提供卫星遥感、无人机飞防、气象预警等防灾减损服务，为当地特色菜心产业的生产销售全流程提供保障（图4-5）。在湛江等地，中华财险的“智慧菜园”服务项目则通过对环境情况、作物生长情况、灾害情况和病虫状况等各种作物生长过程中的重要参数进行实时监测，从而提高农业生产风险抵御能力，切实帮助农民有效改善农业生态环境、提高农业生产水平。

二、服务创新

2023年，中国银保监会印发了《关于财产保险业积极开展风险减量服务的意见》，提出风险减

图 4-5 连州菜心大数据平台启动仪式

量服务是财险业服务实体经济发展的有效手段之一。近年来，众多保险公司借助物联网、大数据等技术赋能防灾减损，在预防“大气候”风险基础上，向“小气候”风险聚焦，在农业保险等易受气候影响的行业“精耕细作”，将风险关口前移。保险业已与农业部门、第三方科技服务公司逐渐探索出一条成熟的合作路径赋能风险减量。

平安财险自主研发的鹰眼系统及大灾应急服务平台，包含了台风、暴雨等8种灾害风险地图和15种灾害预警，平均准确率超过70%，提前时间达到48小时以上。平安财险2023年ESG（环境、社会和治理）报告显示，自上线以来，鹰眼系统在风险预警、防灾减损等方面取得了显著成效，2023年共发出预警信息85.7亿次，覆盖8704万个人和企业客户，在多个险种范围内为政府、企业和个人减少了数亿元的灾害损失。

2023年，平安财险在广东省通过向合作社捐赠红树林遥感碳汇指数及种植保险，为当地1000亩红树林提供160万元保险保障，助力红树林生态保护及文旅开发。在海南省落地全国首单热带雨林碳汇指数保险，提供碳汇开发、遥感监测、金融服务等多方面支持，促进海南热带雨林碳汇交易高效开展。

第五章
作用成效

自中央财政森林保险保费补贴试点工作开展以来，森林保险制度不断完善，覆盖面逐渐扩大，为有效保护森林资源和稳定林业生产作出了重要贡献。政策性森林保险不仅为林农在灾后恢复生产提供了重要的财力支持，而且在社会经济发展中扮演了重要角色，成为稳定林业风险的有力工具。此外，政策性森林保险促进了林业防灾减损措施的不断完善，对于实现林农增收致富和提升林业管理水平发挥了重要作用，展现出巨大的发展潜力。

第一节　生态恢复

森林保险作为林业风险管理的重要手段，在推动受损植被恢复、确保森林资源可持续发展、弥补受灾林农损失方面发挥着积极作用。

一、支持森林火灾灾后恢复

2023年，我国森林保险持续发挥风险保障功能，推进受灾森林资源的修复。

2023年3月，呼和浩特市赛罕区黄合少镇国有林场发生两次火灾，直接造成保险林木损失。接到报案后，国寿财险立即派理赔人员协同林业专家前往现场进行查勘，认定属于保险责任。完成现场查勘后，国寿财险与呼和浩特市林业和草原局赛罕分局以及泛华保险公估股份有限公司内蒙古分公司三方签订协议，委托泛华公估公司对两次出险的森林保险案件开展损失原因分析、损失程度鉴定等相关工作，并与公估机构一同前往现场进行二次查勘。在复勘过程中，利用GPS测亩仪对受损林地面积进行了实地测量，由于两次发生火灾的林地相邻，两次发生火灾的边界较模糊，故采用沿火灾蔓延的外围过火痕迹方法对过火总面积进行测算。最终通过公估鉴定，确认第一次火灾损失面积564.39亩，估损金额28.06万元；第二次火灾损失面积290.84亩，估损金额14.46万元。两次赔款共计42.52万元，及时足额支付到位，为尽快开展受灾林地生态修复工作提供了资金保障。

二、支持退化草原生态修复

草原退化是全球性的环境生态问题之一。我国草原保险在缓解草原退化方面发挥了积极作用。通过为草原提供风险保障，减轻了自然灾害对草原生态系统的冲击，促进了受损草原的恢复与重建。同时，保险机制也提高了牧民对草原保护的意识和积极性，引导他们采取更加可持续的放牧方式，有助于减缓草原退化速度，维护草原生态平衡，保障草原畜牧业的可持续发展。

2023年10月12日，全国首单草原生态修复保护保险落地国家乡村振兴重点帮扶县正镶白旗，为正镶白旗1151亩草原提供自然灾害、外来物种入侵等风险保障，该保险由国寿财险内蒙古分公司承保，为保险行业助力草原生态修复保护提供了可复制推广的模式。在保险期间，当草原出现自然灾害、外来物种入侵等风险需要进行保护救治时，保险公司将依据及时救治、修复保险标的、改善生态系统而投入必要合理的保护施救费用予以赔付。对于投保草原因项目建设、养殖污水、农药残液等人为损害因素造成损失需要救治的，保险公司可先行垫付，之后由主管部门协助保险公司向肇事方追偿。通过草原生态修复保护保险的实施，充分发挥保险分散风险和经济补偿的功能作用，有利于草原主管单位在草原退化治理、草原生产能力提升方面获得更为充沛的资金投入来增强草原抗风险能力。

三、支持有害生物灾后恢复

近年来，我国森林资源频繁遭受有害生物侵袭，导致生产经营遭受重大经济损失。针对此状况，森林保险在预防有害生物灾害及促进灾后恢复工作中发挥了积极作用。

（一）福建三明市松材线虫病疫情

2023年1月4日，中国人民财产保险股份有限公司福建省分公司接到报案：三明市三元区岩前镇吉口村民委员会商品林辖区内发现林业有害生物——松材线虫，致使该商品林辖区内的781亩林木除治性采伐。接到报案后，查勘人员立即赶赴现场进行实地查勘。根据三明市三元区林业有害生物防治检疫站文件及林木采伐许可证、伐区调查设计书、松材线虫病除治山场验收表，结合现场查勘定损，受灾树种为一般用材林，根据地形图测算总除治面积781亩。认定该事故属于《中国人民财产保险股份有限公司福建省中央财政补贴型森林综合保险条款》林业有害生物责任范围，最终赔付金额290647.37元。

（二）广东省肇庆市桉树病虫害

2023年8月，在肇庆市怀集县洽水镇桂岭村附近发生虫害，致使被保险人种植的3683亩桉树受损。接到报案后，中华财险广东分公司查勘员第一时间会同怀集县林业局专家赶赴受灾现场查勘定损，现场发现部分林木树叶萎蔫、枯黄、脱落，树皮裂伤，判断林木感染桉树焦枯病。公司通过使用无人机、GPS进行测量核对后，利用卫星地图精准核实受灾点和受灾面积，经抽样统计后核定，本次事故林木受损面积为1530亩，损失率为15%，经保险公司工作人员与被保险人共同确认受灾面积无异议后，公司迅速对该案件进行结案处理并于当天支付理赔款27.54万元。

（三）内蒙古自治区赤峰市油松林针叶病害

2023年5月下旬，赤峰市喀喇沁旗区域内多个国有林场发现油松林针叶枯黄枯死现象。经北京林业大学专家鉴定，此病害是由真菌引起的红斑病，松枝红斑病传染性强，此次受灾面积较大。至6月中旬，赤峰地区大面积干旱，120天无有效降雨，导致受灾面积不断增加。针对喀喇沁旗森林受灾情况，中华财险内蒙古分公司第一时间成立工作组与喀喇沁旗林草局进行对接，赶赴现场开展实地查勘工作，通过无人机、卫星遥感光谱识别等查勘手段对承保区域的林木受灾情况进行了初步了解。由于受灾情况严重，启动理赔绿色通道与预赔机制，按照“应赔尽赔、应赔快赔”的原则开展理赔工作，最大程度地简化理赔流程和手续，先行向喀喇沁旗林业和草原局预付赔款40万元，为应对本次林木病害的防治工作提供必要的资金支持，助力林场尽快恢复生产。

四、支持极端天气灾后恢复

干旱、冰雹、暴雨等极端天气对森林生态系统和经济造成巨大威胁。通过森林保险提供经济赔偿，降低了经营者在灾害发生时的财产风险，保险赔款可用于生态修复，有助于恢复受灾地区的生态平衡。

（一）吉林省桦甸市洪水灾害

2023年，中航安盟承保桦甸市森林面积434.21万亩，提供风险保障金34.73亿元。7月下旬，桦甸市连续降雨，降雨量远超历年，导致山洪频发，大量林木被洪水冲毁，造成了洪水灾害。接到吉林森工集团红石林业有限公司报案后，承保公司第一时间成立查勘小组，对受灾情况进行统计。结合各林场提供的相关损失数据，聘用公估公司，通过现场林木清点等测量方法，对受灾情况进行查勘定损，最终形成公估报告，进行结案理赔工作。最终核定森林保险理赔面积5025亩，赔款金额207万余元。理赔核定结束后，保险公司第一时间将赔款支付到吉林森工集团红石林业有限公司账户，支持其第一时间展开灾后恢复，通过重新栽种林木等措施，减少由洪水造成的水土流失等情况。森林保险理赔为救灾发挥了作用，使森林减产幅度得到有效控制。

（二）河北省承德市干旱灾害

2023年上半年，承德市发生严重旱灾，林木枯死现象严重。同年9月下旬组织相关专题会议研究和调研后，保险机构迅速启动理赔工作。为确保理赔进度，相关保险机构确定了省、市、县（区）三级机构旱灾理赔工作责任人和理赔进度时间表。省级保险机构对旱灾报案逐单进行统计，列出责任清单，逐单进行理赔，直到理赔案例清零。同时开启绿色理赔通道，简化理赔程序，灵活采取多种方式进行查勘定损，确保理赔工作高效、精准。据统计，旱灾理赔总面积为14.62万亩，理赔金额达2902.94万元，其中公益林（天保林）理赔面积8.64万亩，理赔金额1811.57万元；商品林（经济林）理赔面积5.98万亩，理赔金额1091.37万元。

第二节　防灾减损

森林保险一直秉承着“防赔结合”的原则，重视将单一的保险赔付职能拓展为全面的风险管理。各承保机构不仅在事后赔付方面做好工作，还着重加强事前的风险预防。与林业部门合作，建立防灾减损体系，并采用先进技术来监测和预警潜在灾害。此外，积极购置森林防火灭火设施和设备，增加防灾减损资金的投入，配合参与森林防灾减损工作，减少灾害事故的发生，降低灾害损失。

一、加强防灾减损宣传力度

森林保险机构与林业部门采用多种渠道进行防灾减损宣传，旨在提高社会大众对林业防灾减损重要性的认识，传播有关防灾减损的相关知识，有助于增强公众的灾害防范意识和应对能力，同时可以鼓励公众积极参与防灾减损工作。

（一）打造森林防火宣教中心

中华财险广东分公司联合揭阳市林业局在揭阳市榕城区东升街道龙石森林防火宣教中心开展设备交付及验收活动。该森林防火宣教中心作为揭阳市第一个示范点，具有典型的借鉴意义。该宣教中心不仅配备防火实物宣传用品，还搭建了林业草原森林防火智能可视化平台。平台具备领先的视频监控、热成像感知、视频智能分析能力，实现对龙石村及黄岐山周边森林火点的全天候监测及实时预警，并支持火情处置、救援力量查找、灾损评估等功能，全面支撑火情的“打早、打小”目标。

（二）加强防灾减损及宣传培训

2023年，云南省森林保险承保机构投入防灾减损资金1242.22万元，同时联合地方各级林草主管部门组织举办了森林火灾保险及有关业务培训宣传。首先，将森林火灾保险标的、保费组成、保险责任、定损理赔等主要政策写入《森林防火责任小册子》，签订森林防火户主通知书（责任书）。其次，在清明节和12月的森林草原防火宣传日，国寿财险采购太阳帽、雨伞、环保袋，平安财险购买防火彩旗，诚泰财险印制宣传海报、传单、折页等宣传品，分发给上山祭祖的群众，提倡文明祭祀。

（三）开展野生动物肇事补偿责任保险宣传

太平洋产险积极开展野生动物肇事补偿责任保险宣传，制作服务手册、宣传单、宣传画、宣传牌、校园宣传本、喷绘、横幅等资料，通过电视媒体、平面媒体、短信、微信等方式进行宣传。同时，深入乡镇、村寨、田间等地，以群众大会、登门入户、赶集日设摊等方式开展宣传。其中，《保险服务手册》内容包括但不限于理赔流程、索赔单证、索赔人的权利义务等；《保险宣传单》包括但不限于赔偿标准、报案联系人、理赔流程等。

二、提高防灾减损技术

高科技在林业防灾减损方面发挥着重要作用。无人机技术以其敏捷的飞行能力、精准的定位系统和高效的作业方式，在森林火灾预警、病虫害防治及灾后评估等方面展现出巨大潜力。同时，AI技术通过大数据分析，能够快速识别和监测森林病虫害，提供早期预警，为防治工作提供科学依据。卫星监测、视频监控等技术的综合运用，构建了“天空地”一体化的林草防火监测预警系统，显著提升了灾害预警和应急响应能力，为林业防灾减损提供了有力支持。

（一）无人机普查助力林业保险与防治

为进一步推动农业保险提质升级，更好地服务国家乡村振兴战略，中华联合财产保险股份有限公司邵阳市中心支公司委托湖南绿满潇湘生态科技有限公司承担城步县林业有害生物普查服务，对普查必要的数据资料进行了收集，如行政区划、森林资源分布、有害生物历史情况等。通过对资料的整理分析和对目标乡镇森林的人工踏查，初步掌握了病虫害发生的大致分布范围，并按照森林资源和病虫害分布范围规划监测无人机机型和普查区域。以无人机航空影像数据采集为主，按无人机规划图，采用多旋翼无人机近距离拍摄病虫害发生图片，对辖区内森林进行普查，查清灾害分布范围、发生面积和数量，绘制发生灾害分布图，计算病死树株率，保障林业有害生物监测普查覆盖率和准确率指标，提高监测普查和预报工作效率。

林业有害生物普查主要是对城步县林业有害生物发生情况进行摸底调查，确定发生范围和数量，为农业保险服务提供真实、有效的数据支撑和全方位技术服务，也为下一步及时、高效、准确地完成病虫害受灾防治任务、保险赔付等提供可靠依据。

（二）先进手段实现科学技术防范

中航安盟聘请专家采用地理信息技术、卫星技术、无人机技术等先进手段，在阿坝州试点了护林人员定位跟踪系统，配合部分森林景区、景点安装野外护林防火智能宣传平台和护林人员地面定位系统，构成了一整套以森林防火为重点的防灾减损系统，有效保障了森林资源的安全。

（三）智能化研发实现经济效益最大化

陕西省地处黄土高原苹果优势产区的核心地带。随着种植规模扩大，苹果产值近1000亿元，已成为我国最大的苹果产区。然而，陕西省所处的黄土高原受大陆性季风气候影响，4月易受倒春寒频繁侵扰，导致正值花期的苹果遭受冻害的风险增大。苹果花期几乎每年都会发生不同程度的霜冻，直接影响当年的经济收益。

因机械化、自动化防霜技术与装备在苹果花期防御霜冻的局限性，中华联合财产保险股份有限公司陕西分公司与陕西省农业遥感与经济作物气象服务中心合作，摸清陕西苹果花期霜冻防御的基本情况，开展适用于陕西苹果花期霜冻防御的防霜烟炉研发工作。同时，结合陕西苹果产区的气候及地形特点，进行苹果花期烟炉防霜效果评价，依据试验效果不断改进烟炉升温保温效果，提升防霜减损能力。最后，依据烟炉防霜试验得出的果园升温和保温效果及重点承保县（区）主栽苹果花期受冻表现和灾损率，明确不同低温强度和持续时间的霜冻天气条件下点烟时间等具体技术操作要点，以及防霜烟炉作业时间、布设方位、范围等，制定烟炉防霜操作规程，提升了苹果花期霜冻气象防灾减损服务能力，实现了苹果保险服务的经济效益最大化。

三、强化防灾减损设备

完善的防灾减损设备体系能够确保森林灾害防治工作的顺利进行，及时预警潜在的火灾、有害生物等灾害风险，并有针对性地采取预防和控制措施，进而降低森林火灾和病虫害的发生概率，有效减轻对森林资源的破坏。

（一）中航安盟购置防灾减损设备

2023年，中航安盟全年共投入森林防灾减损费用855.74万元。

在四川省投入防灾减损资金481.55万元，通过购买水泵、消防器材等物资，改善防火灭火设备，购买云平台广播（大喇叭）、防火宣传横幅，聘用1000余名脱贫人员担任护林员，组建护林队伍，强化护林监控等措施，加强森林火灾防控体系建设，体现公司的政治责任和社会担当。

在吉林省投入森林防灾减损费用243.19万元，由地方林业部门统一组织开展防灾减损工作，主要用于省直国有林业局、省直相关单位及基层林业单位预防森林火灾、林业有害生物等灾害，购置防灾减损设备（装备）器材，开展防灾减损作业支付的相关劳务费用，以及开展森林灾害应急处理等工作。

在陕西省投入森林防灾减损费用90万元，主要用于各地市森林灾害防治，防火材料、护林员防护等材料购置和森林保险宣传，以及员工、护林员等人员相关知识培训。

在辽宁省投入防灾减损资金16万元，主要用于购买灭火装备、森林防火宣传、设施维修、聘用护林人员等。

在内蒙古自治区投入防灾减损费用25万元，主要用于喷雾车辆、割灌机、灾情监测无人机、抗灾应急发电机、植保无人机等设备购置，加强当地森林抗旱、灾情监测和防治，提升当地森林日常管理、灾情监测和应急响应能力。通过直升机、无人机、喷雾机等设备投放各类药物，开展多次防治作业，有效遏制森林病虫害蔓延扩散。

（二）中华财险捐赠防灾减损物资

2023年，中华财险在湖南省投入189万元资金，主要用于发放病虫害防治物资、捐赠防火灭火设备、为一线护林消防人员发放必备物资、联合林业部门做好防灾减损宣传等。

第三节 金融服务

金融服务为森林保险提供资金支持与风险管理工具，助力保险机构有效应对森林灾害风险。通过创新金融产品和服务，森林保险得以更好地保障林业生产，促进生态恢复，实现森林资源的可持续利用。两者的协同作用，共同为林业发展提供坚实的保障和动力。2023年，各地积极探索新的金融产品和服务，加大对生态产品经营开发主体中长期贷款和科技的支持力度，降低融资成本，提升金融服务质效，促进森林保险发展。

一、开展“农业保险＋一揽子金融产品”行动

国元农险安徽分公司加大实施“农业保险+一揽子金融产品”行动，深化农业保险与信贷、担保等金融工具联动，引导更多的金融活水投入“三农”领域。已与中国银行省分行、建设银行省分行、邮政储蓄银行省分行、工商银行省分行、徽商银行等单位签订战略合作协议。通过保单增信、银保联动、风险共担、信息共享等方式，客户可从与公司签订服务协议的12家银行自主选择信贷产品。贷款后，公司与银行开展风险提示互通，降低客户信贷风险，形成贷款、风险减量、扩大生产的良性循环。2023年，为林业经营主体投放信贷资金1.16亿元，涉及林木、茶叶、经果林、林下经济等多个品种。

二、助推福建省“福林贷”产品升级

2023年4月，为进一步深化林业金融改革，三明市对“福林贷”产品进行全面升级，推出“福林贷2.0”模式。“福林贷2.0”在受众范围、担保模式、利率优惠、办贷流程等方面实现较大创新和突破，有效解决了林业贷款长期以来面临的调查难、评估难和贷后管理难等问题。一是实现操作线上化，通过手机银行和微信银行等多个线上渠道即可进行申贷、办贷和放款。二是利率大幅度下降，最低可至4.25%，部分符合政策要求的贷款，可以享受省财政或市财政的贴息补助，有效减轻了林农林企的融资负担。三是期限更加灵活，最长可为10年，尤其是针对用于造林、森林抚育等林业生产的贷款，可根据客户资金回笼周期，灵活设定贷款期限和还款方式，从而减轻还本付息压力。

在升级“福林贷2.0”的时候，为了让风险更加可控，福建省农信联社三明办事处通过与保险公司和担保公司合作，引入多层风险缓释机制，通过“福农e林”（三明林业金融服务平台）即可在线开展线上价值评估和贷后检查，有效防控林业贷款风险。

截至2023年9月底，三明农信系统“福林贷2.0”已授信村数1470个，授信18993户，授信金额23.78亿元，累计发放21419户、累计发放金额27.93亿元，用信5409户，余额12.29亿元，较年初增加1372户，增加4.07亿元。

第四节　助力乡村振兴战略

森林保险为巩固脱贫成果，通过为农户提供林草资源损失的经济保障，减轻自然灾害对贫困农户的影响。同时，森林保险资金助力林草产业发展，促进就业机会增加，带动乡村经济多元化，为贫困乡村实现稳定脱贫和可持续发展提供了有力支持。

一、保障林业特色产业

（一）推动湖北省地方特色产业发展

黄冈是全国油茶核心发展区，油茶种植面积135万亩，位居全省之首，其中，麻城、红安、蕲春3个油茶大县将油茶产业列入重点农业产业链。中华财险湖北分公司在黄冈地区试点开办了油茶林种植保险业务，累计为1.42万亩油茶林提供了4258万元的风险保障金额，实现签单保费255.49万元，当年赔付面积0.44万亩，支付赔款312.1万元，简单赔付率达到122.16%，有力支持了灾后重建与恢复生产，推动了油茶产业发展。

菊花产业既是麻城优势特色明显的区域性主导产业，也是带领群众致富的支柱产业。太平洋产险湖北分公司在麻城开展菊花种植保险项目，已承保0.93万亩，保费166.64万元。2023年，受理菊花种植保险理赔案件60起，理赔总面积0.24万亩，赔付金额104.4万元，有力支持了菊花产业发展。

（二）促进贵州蜂糖李产业发展

镇宁蜂糖李是贵州特有精品水果的代表。自2017年以来，“镇宁蜂糖李”先后荣获国家农产品地标认证、“全国优质李金奖”及中国农业品牌、中国农产品百强标志性品牌、全国名特优新农产品等荣誉称号。镇宁蜂糖李仅用十余年时间，成为乡村振兴的支柱产业和农民增收的“致富果”，品牌价值跃居同品类前列。2023年，镇宁蜂糖李种植面积达22.01万亩，是全国蜂糖李种植规模最大的县。

镇宁蜂糖李核心产区处于贵州冰雹带区域，冰雹灾害频发成为蜂糖李种植的最大风险隐患，致使该县蜂糖李种植户遭受严重损失。国元农险贵州分公司重视蜂糖李产业发展，积极推出森林保险产品，自2018年以来，持续为当地李种植户提供风险保障。2023年，国元农险在镇宁县承保4.40万亩蜂糖李，保费收入615.39万元，为1033户次提供风险保障1.23亿元。

2023年，镇宁县遭受特大冰雹灾害，国元农险贵州分公司积极响应、快速应对，为蜂糖李种植户开设绿色理赔通道，启动重大灾害查勘理赔应急方案，切实履行社会责任，积极发挥保险保障作用，以最快速度将赔款支付到受灾农户手中，获得农户及政府的一致好评。2023年，已决赔款1197.42万元，受益农户717户次，简单赔付率高达194.58%。投保农户损失得到有效补偿，切实防范了种植农户因灾返贫，最大化保障种植农户利益和种植积极性，进一步推动镇宁县蜂糖李产业发展。

二、保护林业工作者安全

贵州省林业局积极推进森林保险各承保机构做好护林员意外伤害保险及见义勇为保险捐赠。护林员意外伤害保险涵盖了死亡、残疾、职业病等，保险金额分别是死亡10万元/人、残疾10万元/人、职业病10万元/人、医疗费用3万元/人，见义勇为保险金额为10万元/人，共计43万元/（人·年）。截至2023年12月，各森林保险承保机构已为19.07万名护林员捐赠保险，保险金额为240.61亿元，保费474.77万元，受理案件141起，已完成赔付149.56万元。护林员风险转移分散和保障机制的实施，切实解决了护林员的后顾之忧。

中航安盟在内蒙古自治区承办森林保险业务区域，为护林人员购买人身意外保险，保险责任涵盖了生态护林员在巡护过程中发生意外导致受伤、伤残、死亡等事故产生的费用及住院津贴，人均保障额度23.3万元。每年护林员参保人数为300余人，中航安盟为护林员提供了近亿元的风险保障。此举为护林人员分担了在巡护中发生意外事故的后顾之忧，进一步提升了护林人员的工作积极性，为当地森林防火、生态保护发挥了积极的作用。

第六章
典型案例

本章节选部分典型案例，反映2023年地方政府和保险机构在推进林草保险多险种发展、提升防灾减损能力、新型科技赋能森林保险等方面的实践探索和创新举措。

案例一

内蒙古呼和浩特森林保险助力林草可持续发展

2023年，内蒙古自治区呼和浩特市积极贯彻落实国家和自治区各项政策措施，按照《内蒙古自治区森林保险保费补贴实施方案》《内蒙古自治区森林综合保险条款（2022修正版）》《森林病虫害防治条例》等文件要求，全面推进森林保险灾后治理及植被恢复工作，有效保障林业生态安全，增强林业抵御风险能力，取得积极成效。

一、工作背景

呼和浩特市地处内蒙古大青山南侧，是半干旱的农牧交错区。全市森林面积406万亩，森林覆盖率15.78%，草地面积831万亩，草原综合植被盖度47.41%，湿地面积57万亩。

呼和浩特市林业资源面临的首要灾害风险为火灾，其次是森林病虫鼠害、冰雹雨雪冰冻灾害。每年春秋季节都是森林火灾易发时期，因此，呼和浩特市大部分地区将每年3月中旬至5月中旬、9月中旬至11月底定为春季、秋季森林防火期，实行林区全面封山防火。但由于地形、森林结构复杂，点多面广战线长，防火管护工作难度大，森林火灾发生较为频繁，造成的林业损失较大。呼和浩特市森林病虫害灾害种类多，分布广，常呈间歇性成片发生，危害严重。

2012年，呼和浩特市完成了集体林权制度改革。按照国家和内蒙古自治区森林保险政策规定，呼和浩特市从2013年开始，全面开展森林保险工作。10年来，全市各级林草部门积极推动森林保险发展，有效增强了林业抵御自然灾害的能力，促进了林业持续健康发展。

2013—2023年，呼和浩特市各旗（县、区）林草部门按照“政府引导、市场运作、自主自愿、协同推进”的基本原则，依据森林资源状况，积极参加森林保险工作。累计投保公益林保险面积6000余万亩，投入各级财政保费补贴资金超过1亿元。

二、主要成效

第一，森林保险在防灾减损和灾后重建方面发挥了重要作用。2013—2023年，全市累计申报火灾、虫灾、鼠害、风灾、旱灾、雪灾等保险灾害100余起，理赔资金超过4000万元。自治区森林保险工作领导小组累计下拨呼和浩特市森林灾害防治车辆15台、风力灭火机20台、高射程喷雾机1台、防护服50套、悬挂式森林干粉灭火器75个、对讲机20部、无人机3台。经过多年努力，森林保险已经成为一条稳定高效的防灾减损和灾后重建资金筹集渠道，维护了林区的稳定和繁荣。

第二，森林保险得到各级政府和林草主管部门的认可。政策性森林保险通过保费补贴和灾后赔付的形式，建立了高效运转的林业生产风险分担机制和财政补贴林业的支付渠道。通过开展森林保险业务，为实施灾后治理及植被恢复项目提供资金保障，有效地保护了森林资源，维护了生态安全，促进了全市生态林业和民生林业协调发展。

第三，森林保险在现代林业发展过程中的附加效应逐步显现。森林保险是金融支持林业发展的重要组成部分，通过保证各级财政对林业的投入，增强了各类社会资本投资林业的信心，无形中起到了拉动林业投资的作用。同时，森林保险强化了林业经营者的森林资产价值意识和管护责任意识，调动了林农开展现代化生产经营的积极性，对发展现代林业起到积极作用。

案例二

安徽林长制改革驱动森林保险创新

2023年，安徽省以深化新一轮林长制改革为抓手，持续巩固政策性森林保险投保基础，鼓励支持各地创新特色保险产品，不断拓宽服务领域，持续拓展增信功能，完善防灾减损体系。深入推进“森林保险+一揽子金融产品”行动，积极引导金融机构与林业经营主体对接，开展“林业保险+信贷”和保单质押业务，进一步发挥保险的融资增信功能。

一、加大政府引导力度

安徽省林业局联合省财政厅、省地方金融监督管理局等7个部门出台《关于加快推进“农业保险+一揽子金融产品”行动计划试点工作的通知》，深入实施“农业保险+林长制改革”对接行动，充分发挥森林保险“黏合剂”作用，集聚保险、信贷、担保等金融资源，赋能深化集体林权制度改革和林业产业发展。2023年11月，安徽省林业局与省财政厅、省农业农村厅、国家金融监督管理总局安徽监管局联合印发了《关于做好政策性农业保险承保机构遴选工作的通知》，规范新一轮（2024—2026年）全省政策性森林保险承保机构遴选工作，明确遴选原则，严格遴选条件，规范遴选管理，确保政策性森林保险承保工作顺利交接、平稳过渡。

二、持续巩固政策性险种基础

近年来，安徽省政策性森林保险在保面积始终稳定在5200万亩以上，综合投保率稳定在85%以上，稳居全国第一方阵。2023年全省政策性森林保险在保面积5269.04万亩。其中，公益林2313.12万亩，基本做到应保尽保；商品林2955.92万亩，基本做到愿保尽保，投保形势整体平稳有序。全年完成灾害理赔566起，理赔面积9.76万亩，赔付金额3046.80万元，政策性森林保险兜底作用效果明显。

三、创新开展各类特色险种

积极推广“基本险+商业性补充险+附加险”“基本险+特色林产品保险”等保障模式，着力构建多层级、差异化、多品种的林业保险体系，全方位提高林业保险保障能力。安徽省62个县（市、区）开展了野生动物致害保险，各级财政投入保费933.83万元，理赔1927起，赔付金额698.78万元。大力开展各类特色林业保险，在原有毛竹、油茶、花卉等林产品保险和商业性林木补充保险、林木火灾叠加保险等特色保险基础上，新开发了林下中药材种植保险、香榧高温天气指数保险、商业性森林碳汇遥感指数保险等创新险种。截至2023年12月底，全省各类特色保险在保面积累计达387万亩，保额累计73亿元，保费累计2.72亿元，理赔5904起，理赔金额累计1.96亿元。

四、拓宽保险融资增信功能

深入推进“森林保险+一揽子金融产品”行动，积极引导金融机构与林业经营主体对接，鼓励企业投保叠加商业保险，开展保单质押业务，进一步发挥保险的融资增信功能。马鞍山市定期举办“马上融+林企”专场对接活动，黄山市2023年召开三场林农林企保险融资授信对接会。国元农险与12家银行合作开展“林业保险+信贷”业务，共为林业经营主体投放信贷资金1.16亿元。人保财险为保单质押业务设计了相配套的商业型森林综合保险项目，保障程度最高可达5万元/亩，2023年为19家农户及企业争取到贷款6743万元。

五、开展保险风险减量服务

鼓励支持保险公司在提供风险保障的基础上，延伸保险服务链条，前置风险防控措施，开展风险减量服务，推动森林保险从单一赔付向全流程风险管理发展，逐步探索建立健全专业、高效的森林保险防灾减损机制。各级林业部门协助保险公司深度应用“3S”、AI、大数据、云计算和区块链技术，积极搭建预警平台，建立大灾风险响应机制。2023年，国元农险、国寿财险分别投入防灾减损资金588.2万元、15万元，用于森林防火宣传、设备采购以及林业有害生物的调查、监测预警和科学防治。

案例三

科技护航陕西延安苹果产业高质量发展

中华财险以服务“三农”为宗旨，以全面提升服务能力为核心，积极探索森林保险防灾减损创新举措。先后在风险评估与管理、探索使用物理防护措施以及技术支持与创新降低灾害损失、增强培训提升应对突发灾害能力等方面取得了一定的成果，不断对防灾减损措施持续改进，确保了防灾减损措施的实效。

一、工作背景

自2007年延安成为首批苹果保险试点地区以来，苹果产业是延安乡村振兴的支柱产业，也是陕西农业的一张名片，受到各级政府的高度重视，得到多项政策支持。2023年4月，为支持延安建设全国苹果高质量发展先行区，陕西省人民政府发布《关于支持延安建设全国苹果高质量发展先行示范区若干措施的通知》，在推动苹果产业转型升级等方面，对陕西省农业保险的发展提出了更高的要求。

受大陆性季风气候影响，陕西苹果产区易遭遇倒春寒及冰雹危害，严重损害苹果产业经济收益。各级政府对延安苹果产业发展高度重视，先后出台了支持苹果产业发展的专项文件，让农业保险为苹果产业保驾护航的重要性愈加凸显。

二、特色方案

中华财险陕西分公司探索“保险+科技+金融”融合模式，同陕西省农业遥感与经济作物气象服务中心签订战略合作协议。双方从风险减量方面着手开展了苹果防霜冻和防冰雹专项工作，组织并成立“苹果花期冻害防灾减灾技术研究”项目组。

苹果花期防霜冻风险减量方案是行业首创。中华财险陕西分公司主导研发的新型防霜冻烟炉智能系统，与传统的熏烟防冻手段相比，实现自动化控制。可根据苹果花期不同的生理耐寒温度，利用自控装置设定的温度参数实时监测不同地貌、不同地域、不同时间环境温度的变化。在低温霜冻来临时能及时准确地判断环境温度，瞬间自动引发烟雾体，减少土壤和植物的热辐射散失，将霜冻湿冷空气化解成水，并释放一定的热量，有效提升周围环境温度，从而化解霜冻对植物的危害。每组防霜冻烟雾发生器可持续发烟120分钟以上，烟效维持时长可达180分钟，每组产品可预防范围约为4亩。现阶段新型防霜烟炉已实现集中控制、科学作业、无线控制、可靠性高的要求。

在防雹工作方面，在苹果保险承办区域的平原地区冰雹带，中华财险陕西分公司与当地政府和农户共同开展防雹网的搭建工作。陕西分公司协调金融机构为种植农户提供普惠金融服务，农户可凭借农险保单担保去指定金融机构贷款搭建防雹网。在山地丘陵地区冰雹带，采取主动防雹措施，在果园安装新型防雹设备开展防雹工作。新型防雹设备由公司提供，在苹果保险承办区域内提供防雹减灾服务。

三、成效经验

一是提高了产品创新能力。通过开展苹果风险减量项目，中华财险陕西分公司更准确地评估和管理风险，更快地开发创新产品。在项目开展获得的数据和经验基础上，开发了“延安苹果综合气象指数保险”。

二是优化了承保理赔工作流程。通过开展苹果风险减量项目，陕西分公司更准确地识别和评估风险，改变了过去传统的承保验险验标工作方式；在理赔方面，查勘定损等理赔环节发生了根本性变化，减少了和农户之间的理赔纠纷以及虚假承保和虚假理赔现象。

三是提升了风险管理水平。传统的风险管理需工作人员经常去高风险地区进行现场风险排查、客户筛选、标的选择等工作，也需要依靠工作人员和协保员对每个农户、每个地块开展调查。陕西分公司开展的风险减量工作摆脱传统作业的局限性，进而提升公司农业保险风险管理水平。

案例四

国元农险全力打好林产品保险创新牌

一、产品创新

在安徽省，国元农险积极围绕地方优势产业，构建多层级、差异化、多品种的林业保险产品体系，全力打好产品创新牌，不断扩大特色林产品保险供给范围，提高特色林产品保险覆盖面和保障水平。

一是持续开发新品种保险产品。2023年，结合实际调研情况和地方需求，新增毛竹、板栗、桃、青梅等品种保险产品，特色林木保险产品达到42种，覆盖了安徽省主要特色林产品，累计承保面积2万亩，提供风险保障1557万元。

二是在政策性保险的基础上叠加商业性补充保险。除原有的林木火灾保险、商业性林木补充保险外，针对中药材、苗木、香榧、山核桃、菊花等品种开发对应商业性险种，通过打造“基本险+商业性补充险+附加险”的服务模式，不断提高风险保障，累计承保175.3万亩，提供风险保障17亿元。

三是持续做好创新型保险推进。2023年共有15个地市提供古树名木施救费用保险，提供风险保障5.9亿元，保障程度较2022年提高37.2%。在11个地市提供野生动物致害政府救助责任保险，提供风险保障7.2亿元，保障程度较2022年提高52.8%。承保林业碳汇价值综合保险24.8万亩，提供风险保障2.26亿元，保障程度较2022年提高53%；在安徽省阜南县和颍上县提供蓄滞洪区经济林补充保险风险保障196万元，较2022年提高15.3%。

二、服务创新

一是推进保险增信。国元农险安徽分公司实施“农业保险+一揽子金融产品”行动，深化农业保险与信贷、担保等金融工具联动，引导更多的金融活水投入“三农”领域。与中国银行、中国建设银行等多家银行签订战略合作协议，通过保单增信、银保联动、风险共担、信息共享等方式，形成贷款、风险减量、扩大生产的良性循环。2023年，累计为林业经营主体投放信贷资金1.16亿元。

二是推进防灾减损。国元农险贵州分公司积极推动防灾减损工作，遵循“防赔并举”“以防为先”的理念，构建农业风险管理的服务机制和农业保险的运营模式。国元农险贵州分公司向镇宁县气象局、镇宁县六马镇捐赠专门增雨防雹的作业设备，并持续捐赠作业炮弹，最大程度地减少冰雹天气对蜂糖李的影响，为广大农户提振发展信心。

第七章
附件

附件一

2023年中国森林保险主要统计数据

地区和单位	森林类别	参保面积（万亩）	保险金额（万元）	保费总额（万元）	中央财政补贴（万元）	省财政补贴（万元）	市县财政补贴（万元）	林业经营单位/林农承担（万元）	赔付金额（万元）
总计	合　计	247854.32	202754300.78	390981.66	170321.30	117943.65	52512.28	50204.40	144348.93
	公益林	180404.41	141800018.27	252553.16	128792.75	76115.85	35282.57	12361.98	78347.04
	商品林	67449.91	60954282.52	138428.49	41528.55	41827.80	17229.71	37842.42	66001.89
北京市	合　计	1159.35	2782429.92	2782.43	1391.21	1391.21	—	—	9264.27
	公益林	1159.35	2782429.92	2782.43	1391.21	1391.21	—	—	9264.27
	商品林	—	—	—	—	—	—	—	—
天津市	合　计	17.90	26851.80	53.70	26.85	16.11	5.37	5.37	0.00
	公益林	17.90	26851.80	53.70	26.85	16.11	5.37	5.37	0.00
	商品林	—	—	—	—	—	—	—	—
河北省	合　计	5123.97	3351598.00	8379.00	3635.07	2094.75	1534.07	1115.12	4039.48
	公益林	3737.89	2242734.00	5606.84	2803.42	1401.71	841.03	560.68	2488.79
	商品林	1386.08	1108864.00	2772.16	831.65	693.04	693.04	554.43	1550.69
山西省	合　计	6204.72	6204718.60	11157.58	5550.48	3530.64	2048.14	28.30	6223.57
	公益林	6126.10	6126095.40	11016.06	5508.03	3485.24	2022.78	—	6194.36
	商品林	78.62	78623.20	141.52	42.46	45.40	25.36	28.30	29.22
内蒙古自治区	合　计	21064.83	21452739.56	33956.52	16954.93	10939.81	6026.78	34.99	13761.01
	公益林	21016.09	21379820.66	33839.89	16919.95	10910.66	6009.29	—	13761.01
	商品林	48.74	72918.90	116.63	34.99	29.16	17.49	34.99	0.00

（续表）

地区和单位	森林类别	参保面积（万亩）	保险金额（万元）	保费总额（万元）	中央财政补贴（万元）	省财政补贴（万元）	市县财政补贴（万元）	林业经营单位/林农承担（万元）	赔付金额（万元）
辽宁省	合　计	4738.83	3791064.00	8529.89	3945.50	2582.96	1255.48	745.94	1430.05
	公益林	3851.48	3081184.00	6932.66	3466.33	2096.56	1023.13	346.63	1210.21
	商品林	887.35	709880.00	1597.23	479.17	486.40	232.35	399.31	219.84
大连市	合　计	59.16	23664.00	94.66	46.96	37.77	4.92	5.01	—
	公益林	58.00	23200.00	92.80	46.40	37.12	4.64	4.64	—
	商品林	1.16	464.00	1.86	0.56	0.65	0.28	0.37	—
吉林省	合　计	4057.33	3245867.68	8114.67	3373.73	2075.06	1341.74	1324.14	555.70
	公益林	2348.32	1878659.36	4696.65	2348.32	1220.52	658.14	469.66	336.14
	商品林	1709.01	1367208.32	3418.02	1025.41	854.54	683.60	854.47	219.56
黑龙江省	合　计	615.41	492328.00	1230.82	571.58	307.71	152.63	198.91	97.00
	公益林	505.84	404672.00	1011.68	505.84	252.92	119.76	133.17	59.40
	商品林	109.57	87656.00	219.14	65.74	54.79	32.87	65.75	37.60
江苏省	合　计	239.51	239510.00	718.53	359.27	287.41	28.98	42.87	61.20
	公益林	239.51	239510.00	718.53	359.27	287.41	28.98	42.87	61.20
	商品林	—	—	—	—	—	—	—	—
浙江省	合　计	4611.70	2282334.02	4186.50	1851.07	1235.56	952.50	147.36	914.61
	公益林	4179.22	2087674.81	2975.62	1487.81	1004.35	483.46	—	402.06
	商品林	432.48	194659.21	1210.88	363.26	231.21	469.05	147.36	512.55
宁波市	合　计	475.26	380841.15	2038.29	978.57	601.34	407.66	50.71	219.23
	公益林	444.36	355484.56	1835.44	917.72	550.63	367.09	—	210.18

（续表）

地区和单位	森林类别	参保面积（万亩）	保险金额（万元）	保费总额（万元）	中央财政补贴（万元）	省财政补贴（万元）	市县财政补贴（万元）	林业经营单位/林农承担（万元）	赔付金额（万元）
宁波市	商品林	30.90	25356.59	202.85	60.86	50.71	40.57	50.71	9.05
安徽省	合　计	5269.04	4760153.36	10111.49	3755.14	3069.14	1986.60	1300.61	3036.68
	公益林	2313.12	1804231.84	3608.46	1804.23	1443.39	360.85	—	925.66
	商品林	2955.92	2955921.52	6503.03	1950.91	1625.76	1625.76	1300.61	2111.02
福建省	合　计	11278.52	11685996.92	16908.98	6254.49	4777.24	2215.46	3661.79	17282.08
	公益林	3945.19	3986696.61	5908.98	2954.49	1477.24	886.35	590.90	6097.28
	商品林	7333.33	7699300.31	11000.00	3300.00	3300.00	1329.11	3070.89	11184.80
厦门市	合　计	79.37	64682.72	119.05	48.40	—	64.31	6.34	31.31
	公益林	42.29	34462.52	63.43	31.71	—	25.37	6.34	8.49
	商品林	37.08	30220.20	55.62	16.69	—	38.93	—	22.82
江西省	合　计	13404.13	8419095.00	28108.47	9427.93	8271.35	1156.58	9252.62	15061.88
	公益林	4976.92	2488460.00	4976.92	2488.46	2488.46	—	—	1878.79
	商品林	8427.21	5930635.00	23131.55	6939.47	5782.89	1156.58	9252.62	13183.09
山东省	合　计	1296.17	1038882.00	5204.16	2590.38	1485.29	1116.79	11.70	1203.58
	公益林	1286.42	1029136.00	5145.68	2572.84	1470.67	1102.17	—	1118.84
	商品林	9.75	9746.00	58.48	17.54	14.62	14.62	11.70	84.74
青岛市	合　计	102.95	51475.00	205.90	102.95	—	102.95	—	—
	公益林	102.95	51475.00	205.90	102.95	—	102.95	—	—
	商品林	—	—	—	—	—	—	—	—

（续表）

地区和单位	森林类别	参保面积（万亩）	保险金额（万元）	保费总额（万元）	中央财政补贴（万元）	省财政补贴（万元）	市县财政补贴（万元）	林业经营单位/林农承担（万元）	赔付金额（万元）
河南省	合　计	2279.17	1188538.30	1488.41	654.24	372.10	327.12	134.94	125.89
	公益林	2077.20	1038601.90	1038.60	519.30	259.65	259.65	—	125.89
	商品林	201.97	149936.40	449.81	134.94	112.45	67.47	134.94	0.00
湖北省	合　计	5747.81	5747810.00	9006.86	4195.31	2251.72	1943.60	616.23	1982.01
	公益林	4977.52	4977520.00	7466.28	3733.14	1866.57	1866.57	—	1461.40
	商品林	770.29	770290.00	1540.58	462.17	385.15	77.03	616.23	520.61
湖南省	合　计	12186.55	9368656.44	18737.31	7311.93	4684.33	2123.48	4617.56	8979.67
	公益林	7044.73	4226840.38	8453.68	4226.84	2113.42	976.59	1136.82	4094.60
	商品林	5141.82	5141816.06	10283.63	3085.09	2570.91	1146.89	3480.73	4885.07
广东省	合　计	10567.71	12681257.04	39461.33	15937.56	9865.33	7968.78	5689.66	16860.60
	公益林	7151.43	8581713.84	20495.79	10247.90	5123.95	5123.95	—	2996.76
	商品林	3416.29	4099543.20	18965.54	5689.66	4741.38	2844.83	5689.66	13863.84
广西壮族自治区	合　计	14202.71	15994658.68	29313.27	10873.38	12592.46	2086.95	3760.48	11541.66
	公益林	7034.93	7034926.26	10396.98	5198.49	4434.61	763.88	—	811.94
	商品林	7167.79	8959732.43	18916.29	5674.89	8157.85	1323.07	3760.48	10729.72
海南省	合　计	1146.13	710697.03	2115.23	1000.67	986.77	0.19	127.59	52.64
	公益林	1089.59	653752.20	1830.51	915.25	915.25	—	—	0.78
	商品林	56.55	56944.83	284.72	85.42	71.52	0.19	127.59	51.86
重庆市	合　计	4314.21	3451364.56	4647.63	2209.50	1607.44	662.31	168.38	1384.97
	公益林	4076.05	3260837.20	4076.05	2038.02	1459.79	578.24	—	1180.08

（续表）

地区和单位	森林类别	参保面积（万亩）	保险金额（万元）	保费总额（万元）	中央财政补贴（万元）	省财政补贴（万元）	市县财政补贴（万元）	林业经营单位/林农承担（万元）	赔付金额（万元）
重庆市	商品林	238.16	190527.36	571.58	171.47	147.65	84.07	168.38	204.89
四川省	合　计	24085.36	14078249.75	13620.69	6146.79	3708.13	1906.03	1859.73	895.20
	公益林	20760.15	11418083.11	10302.94	5151.47	2808.21	1312.97	1030.29	611.48
	商品林	3325.21	2660166.64	3317.75	995.33	899.93	593.06	829.44	283.73
贵州省	合　计	13407.37	16759208.38	39870.88	17119.28	11961.26	8678.21	2112.12	10833.33
	公益林	8681.31	10851642.13	25790.10	12895.05	7737.03	5158.02	—	5991.56
	商品林	4726.05	5907566.25	14080.78	4224.23	4224.23	3520.19	2112.12	4841.77
云南省	合　计	30435.00	12174000.00	12174.00	5133.32	3401.13	2924.29	715.26	792.65
	公益林	18514.00	7405600.00	7405.60	3702.80	1851.40	1851.40	—	504.36
	商品林	11921.00	4768400.00	4768.40	1430.52	1549.73	1072.89	715.26	288.29
陕西省	合　计	12401.69	6820929.50	12401.69	6035.22	3100.42	1860.25	1405.80	3532.27
	公益林	11573.56	6365458.00	11573.56	5786.78	2893.39	1736.03	1157.36	3447.76
	商品林	828.13	455471.50	828.13	248.44	207.03	124.22	248.44	84.51
甘肃省	合　计	8071.36	4037174.59	8074.35	4033.58	3038.74	624.91	377.12	2810.15
	公益林	8056.39	4028194.45	8056.39	4028.19	3032.24	624.22	371.73	2803.60
	商品林	14.97	8980.14	17.96	5.39	6.50	0.69	5.39	6.56
青海省	合　计	4557.06	4562405.50	7004.87	3462.32	2147.24	1005.19	390.11	1229.55
	公益林	4536.19	4536185.30	6804.28	3402.14	2072.43	989.71	339.99	998.71
	商品林	20.87	26220.20	200.59	60.18	74.81	15.48	50.12	230.84

（续表）

地区和单位	森林类别	参保面积（万亩）	保险金额（万元）	保费总额（万元）	中央财政补贴（万元）	省财政补贴（万元）	市县财政补贴（万元）	林业经营单位/林农承担（万元）	赔付金额（万元）
宁夏回族自治区	合　计	448.70	448700.00	897.40	448.70	448.70	—	—	—
	公益林	448.70	448700.00	897.40	448.70	448.70	—	—	—
	商品林	—	—	—	—	—	—	—	—
大兴安岭林业集团	合　计	6353.01	3176505.00	12580.87	8806.61	—	—	3774.26	—
	公益林	6353.01	3176505.00	12580.87	8806.61	—	—	3774.26	—
	商品林	—	—	—	—	—	—	—	—
内蒙古森工集团	合　计	12754.58	17181715.74	27490.75	11987.39	10996.30	—	4507.06	7964.98
	公益林	9072.89	11688026.43	18700.84	9350.42	7480.34	—	1870.08	7956.30
	商品林	3681.69	5493689.31	8789.90	2636.97	3515.96	—	2636.97	8.68
吉林森工集团	合　计	1873.95	1499157.04	3747.89	1432.69	1499.16	—	816.04	586.41
	公益林	770.81	616646.32	1541.62	770.81	616.65	—	154.16	163.64
	商品林	1103.14	882510.72	2206.28	661.88	882.51	—	661.88	422.77
长白山森工集团	合　计	3223.80	2579041.52	6447.60	2668.28	2579.04	—	1200.28	1595.31
	公益林	1835.01	1468007.28	3670.02	1835.01	1468.01	—	367.00	1181.51
	商品林	1388.79	1111034.24	2777.59	833.28	1111.03	—	833.28	413.80
上海市	合　计	62.27	747247.20	1868.12	—	1307.68	560.44	—	—
	公益林	62.27	747247.20	1868.12	—	1307.68	560.44	—	—
	商品林	—	—	—	—	—	—	—	—
深圳市	合　计	4.88	5851.92	23.41	—	—	16.39	7.02	—
	公益林	—	—	—	—	—	—	—	—
	商品林	4.88	5851.92	23.41	—	—	16.39	7.02	—

附件二

2009—2023年中国森林保险主要统计数据

年份	森林类别	参保面积（万亩）	保险金额（万元）	保费总额（万元）	中央财政补贴（万元）	省财政补贴（万元）	市县财政补贴（万元）	林业经营单位及林农承担（万元）	赔付金额（万元）
2009	合　计	20300.00	9735900.00	12000.00	3600.00	3000.00	2875.27	2524.73	5719.20
2010	合　计	55800.00	23665800.00	34300.00	10290.00	8575.00	8835.00	6600.00	11799.20
2011	合　计	76891.56	32168300.00	66035.22	26871.92	19809.02	7278.97	12074.34	15669.47
	公益林	40576.28	16819000.00	35479.67	17972.89	11020.90	4533.49	1952.39	4421.37
	商品林	36315.28	15349300.00	30555.55	8899.03	8788.12	2745.47	10121.95	7818.06
2012	合　计	128923.26	64228579.68	169902.14	70300.98	48968.67	23548.54	26234.76	25316.37
	公益林	77113.33	37586882.00	92853.66	46404.34	28202.98	14303.45	3933.39	6434.50
	商品林	51809.94	26641701.68	77048.47	23896.65	20765.70	9245.09	22301.37	15140.10
2013	合　计	195730.69	90599269.10	255887.21	119492.29	77316.73	31243.87	27834.39	43768.93
	公益林	142805.73	63776210.44	174579.64	91004.86	56108.80	20674.13	6791.89	15243.80
	商品林	52923.93	26823058.66	64157.61	19822.79	16311.66	7205.64	20817.52	24573.29
2014	合　计	210317.65	108892949.44	272695.61	126700.91	86212.37	30482.51	29299.82	56788.39
	公益林	158829.34	79013040.64	199490.81	104769.91	64141.80	22194.35	8384.75	23071.80
	商品林	51488.31	29879908.80	73204.80	21931.00	22070.57	8288.16	20915.07	16929.53
2015	合　计	217400.38	117971787.26	291728.05	135214.77	89673.50	36055.28	30784.51	97499.09
	公益林	164426.94	88347867.17	214565.01	112758.10	68339.85	24400.26	9066.81	59671.27
	商品林	52973.44	29623920.05	77163.04	22456.67	21333.65	11655.02	21717.70	37827.82

（续表）

年份	森林类别	参保面积（万亩）	保险金额（万元）	保费总额（万元）	中央财政补贴（万元）	省财政补贴（万元）	市县财政补贴（万元）	林业经营单位及林农承担（万元）	赔付金额（万元）
2016	合　计	204381.22	117799777.25	294519.21	140809.93	87041.42	39561.82	27106.04	106198.02
	公益林	169884.02	95905367.75	229366.64	119698.59	68325.25	31667.39	9675.40	51763.16
	商品林	34497.20	21894409.50	65152.57	21111.34	18716.17	7894.43	17430.64	54434.86
2017	合　计	223973.08	130114152.00	323453.67	150811.59	95781.42	44119.50	32741.14	107131.79
	公益林	179172.70	101347680.79	243476.20	126769.32	72825.75	32294.65	11586.47	62338.57
	商品林	44800.37	28766471.21	79977.47	24042.27	22955.68	11824.85	21154.67	44793.23
2018	合　计	232564.32	145216040.91	347617.77	160144.46	104718.83	46719.95	36034.55	104019.65
	公益林	182833.80	110532348.49	253942.90	131992.24	76259.32	33338.08	12353.26	61011.15
	商品林	49730.52	34683692.42	93674.87	28152.21	28459.52	13381.87	23681.28	43008.49
2019	合　计	235557.79	150652518.61	349700.66	158705.44	104021.91	46656.27	40317.05	109965.24
	公益林	179290.25	109915334.43	243761.33	126915.40	72248.39	32886.85	11710.68	63596.79
	商品林	56267.53	40737184.19	105939.33	31790.04	31773.51	13769.41	28606.37	46368.45
2020	合　计	243711.88	158826148.34	364062.43	163944.34	109069.99	49211.56	41836.58	95916.96
	公益林	182730.95	113711605.40	248466.43	129265.53	74298.44	33504.05	11398.44	51645.95
	商品林	60980.93	45114542.94	115596.00	34678.81	34771.55	15707.51	30438.14	44271.01
2021	合　计	246442.67	171477798.52	373238.04	167911.98	110127.66	52826.90	42371.50	78356.88
	公益林	184057.01	122717384.57	254541.06	132302.88	74762.14	36428.81	11047.23	49105.22
	商品林	62385.66	48760413.95	118696.98	35609.10	35365.52	16398.09	31324.27	29251.66
2022	合　计	246533.88	199129853.19	383659.55	168401.55	115142.39	53043.38	47072.19	110485.89
	公益林	181887.46	141259976.69	253869.74	129446.97	76343.30	36038.96	12040.48	62439.82
	商品林	64646.42	57869876.50	129789.81	38954.58	38799.09	17004.42	35031.71	48046.07

（续表）

年份	森林类别	参保面积（万亩）	保险金额（万元）	保费总额（万元）	中央财政补贴（万元）	省财政补贴（万元）	市县财政补贴（万元）	林业经营单位及林农承担（万元）	赔付金额（万元）
2023	合　计	247854.32	202754300.78	390981.66	170321.30	117943.65	52512.28	50204.40	144348.93
	公益林	180404.41	141800018.27	252553.16	128792.75	76115.85	35282.57	12361.98	78347.04
	商品林	67449.91	60954282.52	138428.49	41528.55	41827.80	17229.71	37842.42	66001.89

附件三

2023年中国森林保险费率与保额

地区和单位	森林类别	险种	保额（元/亩）	费率（‰）
北京	公益林	综合险	2400	1.00
	商品林	—	—	—
天津	公益林	综合险	1500	2.00
	商品林	—	—	—
河北	公益林	综合险	600	2.50
	商品林	综合险	800	2.50
山西	公益林	综合险	1000	1.8\1.44
	商品林	综合险	1000	1.80
内蒙古	公益林	综合险	1300（乔木林） 800（灌木林）	1.60（人保财险） 1.57（其他保险机构）
	商品林	综合险	1500（乔木林） 900（灌木林）	1.60（人保财险） 1.57（其他保险机构）
辽宁	公益林	综合险	800	2.25
	商品林	综合险	800	2.25
大连	公益林	综合险	400	4.00
	商品林	综合险	400	4.00
吉林	公益林	综合险	800	2.50
	商品林	综合险	800	2.50
黑龙江	公益林	综合险	800	3.50
	商品林	综合险	800	3.50
江苏	公益林	综合险	1000	3.00
	商品林	—	—	—
浙江	公益林	火灾险	450（2023年8月前）	1.00
	公益林	综合险	600（2023年8月后）	2.00
	商品林	综合险+火灾险	200～1000	1.00～8.00
宁波	公益林	综合险+火灾险	800	1.00～6.00
	商品林	综合险+火灾险	800～1000	8.00

（续表）

地区和单位	森林类别	险种	保额（元/亩）	费率（‰）
安　徽	公益林	综合险	780	2.00
	商品林	综合险	1000	2.20
福　建	公益林	综合险	860～1310	1.10～1.9
	商品林	综合险	860～1360	1.10～1.9
厦　门	公益林	综合险	815	1.84
	商品林	综合险	815	1.84
江　西	公益林	综合险	500	2.00
	商品林	综合险	≤800	4.00
		火灾险	≤800	1.50
山　东	公益林	综合险	800	5.00
	商品林	综合险	1000	6.00
青　岛	公益林	火灾险	500	4.00
	商品林	—	—	—
河　南	公益林	综合险	500	1.00
	商品林	综合险	600～800	3.00
湖　北	公益林	综合险	1000	1.50
	商品林	综合险	1000	2.00
湖　南	公益林	综合险	600	2.00
	商品林	综合险	1000	2.00
广　东	公益林	综合险	1200	2.00（内地） 4.00（沿海）
	商品林	综合险	1200	4.00（内地） 8.00（沿海）
广　西	公益林	综合险	1000	1.50
	商品林	综合险	1250	1.60（低风险地区） 4.00（高风险地区）
海　南	公益林	综合险	600	2.80
	商品林	综合险	300～1200	5.00
重　庆	公益林	综合险	800	1.25
	商品林	综合险	800	3.00

（续表）

地区和单位	森林类别	险种	保额（元/亩）	费率（‰）
四　川	公益林	综合险	550	1.18
	商品林	综合险	800	1.50
贵　州	公益林	综合险+火灾险	1250	1.92/2.4
	商品林	综合险+火灾险	1250	1.92/2.4
云　南	公益林	火灾险	400	1.00
	商品林	火灾险	400	1.00
陕　西	公益林	综合险	550	1.818
	商品林	综合险	550	1.818
甘　肃	公益林	综合险	500	2.00
	商品林	综合险	600	2.00
青　海	公益林	综合险	1000	1.50
	商品林	综合险	1000（经济林） 8000（林木种苗）	5.00（经济林） 18.00（林木种苗）
宁　夏	公益林	综合险	1000	2.00
	商品林	—	—	—
大兴安岭林业集团	公益林	综合险	500	3.96
	商品林	—	—	—
内蒙古森工集团	公益林	综合险	800（灌木林） 1300（乔木林）	1.60
	商品林	综合险	900（灌木林） 1500（乔木林）	1.60
吉林森工集团	公益林	综合险	800	2.50
	商品林	综合险	800	2.50
长白山森工集团	公益林	综合险	800	2.50
	商品林	综合险	800	2.50
上海市	公益林	综合险	12000	2.50
	商品林	—	—	—
深圳市	公益林	综合险	1200	2.00
	商品林	综合险	1200	4.00

附件四

2023年中国林业有害生物灾害情况表

单位：公顷

地　区	发生总面积	林业病害	林业虫害	林业鼠（兔）害	林业有害植物
全国合计	10922989	2250376	6776989	1717991	177633
北　京	29321	1288	28033	—	—
天　津	48553	4283	44270	—	—
河　北	379429	20802	336418	22209	—
山　西	207077	13452	138402	53956	1267
内蒙古	1023509	218694	638380	166435	—
辽　宁	502127	35889	457252	8986	—
吉　林	248589	18386	185859	44344	—
黑龙江	352979	27044	182045	143890	—
上　海	9362	1366	7996	—	—
江　苏	75079	11422	62306	—	1351
浙　江	318328	289536	28792	—	—
安　徽	333724	97488	236236	—	—
福　建	251913	70764	181149	—	—
江　西	433456	213784	219654	—	18
山　东	453120	100735	352385	—	—
河　南	354543	53176	301367	—	—
湖　北	482744	97159	311329	5433	68823
湖　南	312949	71769	241179	—	1
广　东	367925	242306	88679	—	36940
广　西	337702	71397	237704	349	28252
海　南	25426	—	8044	—	17382
重　庆	301231	83018	204717	11409	2087
四　川	586733	103620	452771	30237	105

（续表）

地区	发生总面积	林业病害	林业虫害	林业鼠（兔）害	林业有害植物
贵州	183294	19007	157336	3208	3743
云南	357654	56982	275839	12239	12594
西藏	129254	23987	51427	53600	240
陕西	352291	74466	202083	75702	40
甘肃	367697	63011	162617	142069	—
青海	239702	29294	104760	101104	4544
宁夏	248991	1168	75559	172018	246
新疆	1467762	105005	781054	581703	—
大兴安岭	140525	30078	21347	89100	—

附件五

2023年中国草原有害生物灾害情况表

单位：公顷

地　区	发生总面积	草原鼠害	草原虫害	草原有害植物
全国合计	39556188	28471514	6519218	4565456
北　京	—	—	—	—
天　津	—	—	—	—
河　北	290686	115873	174813	—
山　西	577586	253453	302133	22000
内蒙古	5882521	3188107	2299887	394527
辽　宁	135067	51867	74033	9167
吉　林	59333	27333	30667	1333
黑龙江	47800	2200	45600	—
上　海	—	—	—	—
江　苏	—	—	—	—
浙　江	—	—	—	—
安　徽	—	—	—	—
福　建	—	—	—	—
江　西	—	—	—	—
山　东	—	—	—	—
河　南	—	—	—	—
湖　北	—	—	—	—
湖　南	—	—	—	—
广　东	—	—	—	—
广　西	—	—	—	—
海　南	—	—	—	—
重　庆	—	—	—	—
四　川	3072887	1547953	564227	960707

（续表）

地 区	发生总面积	草原鼠害	草原虫害	草原有害植物
贵 州	—	—	—	—
云 南	78733	26001	35222	17510
西 藏	18580132	16052147	572027	1955958
陕 西	126310	81354	41809	3147
甘 肃	3468999	2413333	655333	400333
青 海	4956120	4064787	434000	457333
宁 夏	190880	100267	85280	5333
新 疆	2089134	546839	1204187	338108

附件六

保险机构简称与全称对照表

保险机构简称	保险机构全称
安诚财险	安诚财产保险股份有限公司
安华农险	安华农业保险股份有限公司
安信农险	上海安信农业保险股份有限公司
北部湾财险	北部湾财产保险股份有限公司
长江财险	长江财产保险股份有限公司
诚泰财险	诚泰财产保险股份有限公司
大地财险	中国大地财产保险股份有限公司
大家财险	大家财产保险股份有限公司
国任财险	国任财产保险股份有限公司
国寿财险	中国人寿财产保险股份有限公司
国元农险	国元农业保险股份有限公司
恒邦财险	恒邦财产保险股份有限公司
华农财险	华农财产保险股份有限公司
黄河财险	黄河财产保险股份有限公司
锦泰财险	锦泰财产保险股份有限公司
平安财险	中国平安财产保险股份有限公司
人保财险	中国人民财产保险股份有限公司
太平财险	太平财产保险有限公司
太平洋产险	中国太平洋财产保险股份有限公司
泰山财险	泰山财产保险股份有限公司
天安财险	天安财产保险股份有限公司
燕赵财险	燕赵财产保险股份有限公司
阳光财险	阳光财产保险股份有限公司
阳光农险	阳光农业相互保险公司
永安财险	永安财产保险股份有限公司

（续表）

保险机构简称	保险机构全称
浙商财险	浙商财产保险股份有限公司
中国农再	中国农业再保险股份有限公司
中航安盟	中航安盟财产保险有限公司
中华财险	中华联合财产保险股份有限公司
中路财险	中路财产保险股份有限公司
中再产险	中国财产再保险有限责任公司
中原农险	中原农业保险股份有限公司
中煤财险	中煤财产保险股份有限公司
紫金财险	紫金财产保险股份有限公司

后记 *Afterword*

《2024中国森林保险发展报告》是在国家林业和草原局、国家金融监督管理总局的直接领导下，由国家林业和草原局规划财务司、林业工作站管理总站、发展研究中心及国家金融监督管理总局财产保险监管司共同组织和编写完成的。在编写过程中，得到福建农林大学、中国人民财产保险股份有限公司、中华联合财产保险股份有限公司、中国太平洋财产保险股份有限公司、中国平安财产保险股份有限公司、中国人寿财产保险股份有限公司、安华农业保险股份有限公司、中航安盟财产保险有限公司、中国农业再保险股份有限公司、阳光财产保险股份有限公司、国元农业保险股份有限公司等高校和企业的大力支持，同时也得到地方各级林草主管部门的密切配合，谨此致谢！

森林保险是一项涉及面广、技术性强的系统工程。本报告力求客观、全面展示中国森林保险工作的年度进展情况，供读者对比、分析，为相关研究提供基础性资料。本报告难免存在疏漏和不足之处，敬请广大读者批评指正，提供宝贵意见和建议。

电话：010-84238904/84239024

E-mail：senlinbaoxian@163.com

报告编写组

2024年12月